Pia Rosenthal

Katrin Löhr

AUFBRUCH FINANZIELLE BILDUNG

Wie Deutschland seine Chance jetzt nutzen kann – ein wissenschaftlicher Beitrag zur Inspiration

Deutsche Gesellschaft für
FINANZKOMPETENZ

Cover-Illustration: Dörthe Littger | ideengut Agentur für Kommunikation | www.ideengut-agentur.com
Illustration im Buch: Christina Loehr
Lektorat, Korrektorat: Wissenschafts- und Presselektorat Dr. phil. Judith Holuba

Porträt Rosenthal: Privat
Porträt Prof. Löhr: FotoAtelier Christina Loehr

Druck und Distribution im Auftrag der Autorinnen:
tredition GmbH, Heinz-Beusen-Stieg 5, 22926 Ahrensburg, Deutschland

ISBN 978-3-347-91374-5

Kontaktadresse nach EU-Produktsicherheitsverordnung:
info@degefin.de

Inhaltsverzeichnis

Vorwort

„We choose to go to the Moon."

Als John F. Kennedy 1962 mit diesen Worten die amerikanische Mondmission ausrief, sprach er nicht nur von Raumfahrt - er sprach von Mut, von Fortschritt, von Aufbruch. Deutschland steht heute, wenn es um finanzielle Bildung geht, an einem ähnlichen Punkt: Wir wissen, dass wir aufholen müssen. Wir wissen, dass der Handlungsbedarf groß ist. Und wir haben jetzt die historische Chance, etwas zu verändern.

Dieses Buch trägt den Titel *Aufbruch finanzielle Bildung - Wie Deutschland seine Chance jetzt nutzen kann* - und dieser Titel ist bewusst gewählt. Denn wir befinden uns an einem Wendepunkt. Zum ersten Mal in der Geschichte der Bundesrepublik liegt ein konkreter politischer Wille vor, die finanzielle Bildung strukturell zu stärken. Gleichzeitig erleben wir auch technologisch einen tiefgreifenden Wandel: Digitale Plattformen, KI-gestützte Lernsysteme und neue Formen der Informationsvermittlung eröffnen ganz neue Möglichkeiten, Finanzbildung niedrigschwellig, individuell und wirkungsvoll zu gestalten. Noch nie zuvor war der Zugang zu Wissen so leicht - und gleichzeitig die Gefahr der Desinformation so groß. Auch deshalb braucht es jetzt klare Konzepte und strategische Orientierung.

Doch diese Chance ist keine Garantie. Sie ist ein Anfang - und sie braucht Engagement, Wissen, Orientierung und Visionen.

Das Buch, das Sie in den Händen halten, ist das Ergebnis einer besonderen Zusammenarbeit: einer Kooperation zwischen Wissenschaft und Nachwuchsforschung, zwischen langjähriger akademischer Erfahrung und frischen Perspektiven. Es wurde von uns - einer Professorin für Finanzwirtschaft und ihrer ehemaligen Studentin - gemeinsam verfasst. Der zweite Teil des Buches basiert auf der Masterarbeit meiner Mitautorin, die das Thema mit großer Leidenschaft, wissenschaftlicher Tiefe und gesellschaftlichem Verantwortungsgefühl bearbeitet hat - und das wohlgemerkt bereits lange bevor die politische Initiative *„Aufbruch Finanzielle Bildung"* angekündigt wurde.

Unser Ziel ist es, die Bedeutung finanzieller Bildung nicht nur theoretisch zu erklären, sondern ganz konkret zu zeigen, wie Deutschland eine nationale Strategie entwickeln und umsetzen kann - orientiert an internationalen Best Practices und wissenschaftlichen Erkenntnissen. Wir möchten Politik und Gesellschaft inspirieren, aktiv zu werden, gemeinsam Verantwortung zu übernehmen und die vielen positiven Wirkungen finanzieller Bildung für Individuen, Institutionen und die Gesellschaft als Ganzes zu erkennen.

Dieses Buch richtet sich an viele: an politische Entscheidungsträger ebenso wie an Lehrkräfte, Medienschaffende, Unternehmen, gemeinnützige Organisationen - und an alle, die sich für das Thema interessieren, unabhängig von ihrem Vorwissen. Denn finanzielle Bildung betrifft uns alle.

Möge dieses Buch dazu beitragen, den notwendigen Aufbruch mit Wissen, Ideen und Zuversicht zu begleiten.

Prof. Dr. Katrin Löhr

Matrizenrechnung? Kein Problem!
Fontane zitiere ich im Schlaf.
Zellteilung kann ich runterbeten,
Abi mit 'ner 1,0 geschafft!

Hab aber keinen Plan von Rente.
Vor allem, was von ihr übrig bleibt.
Von Versicherung und Mietverträgen,
weil dir das halt niemand richtig zeigt.

Wenn ich fürs Leben lernen will,
dann muss sich da was tun.
Und kollektives Mitgefühl
ist da wirklich nicht genug.

Es braucht Bewegung gegen Armut und finanzielle Sorgen
und einen Schulterschluss für die Bildung der Generation von morgen.

Anna Lisa Azur, Kiezpoeten

Auszug des Gedichts, das von Anna Lisa Azur am 23.03.2023 in Berlin zu Beginn der Veranstaltung „Aufbruch finanzielle Bildung" vorgetragen wurde.

Teil 1: Eine bundesweite Finanzbildungsstrategie – Deutschlands große Mission?

Kapitel 1: Deutschland bekommt eine nationale Finanzbildungsstrategie

„We choose to go to the moon."

John F. Kennedy

„Die Überraschung war groß, genauso wie der Unglaube …"[1] – nicht nur bei der Organisation für wirtschaftliche Zusammenarbeit und Entwicklung (OECD), sondern vor allem im eigenen Land. Schließlich ist Deutschland derzeit eines der letzten OECD-Mitgliedsländer, das über keine nationale Strategie zur Verbesserung der Finanzbildung verfügt. Und das, obwohl Umfragen seit Jahren zeigen, dass sich die Bevölkerung nahezu nichts sehnlicher wünscht als finanzielle Bildung.[2] Doch nun ist es so weit: Die Verbesserung der finanziellen Bildung wurde als gemeinsames Ziel des Bundesfinanzministeriums und des Bundesbildungsministeriums ausgerufen. Doch wie kam dieser längst überfällige Schritt zu Stande?

November 2022

Mehr als 60 Jahre nachdem der US-amerikanische Präsident John F. Kennedy an der Rice University in Houston seine Rede an die Nation hielt, um die Bevölkerung auf seine Mondmission einzuschwören, veröffentlicht das Bundesbildungsministerium in einem für viele überraschenden Tweet eine Ankündigung mit einer möglicherweise vergleichbaren Tragweite:

„Von der #Altersvorsorge bis zu #Zinsen: Wir wollen, dass Menschen besser verstehen, wie die #Wirtschaft funktioniert. Dazu werden wir eine nationale Strategie zur ökonomischen #Bildung auflegen und bereits im nächsten Jahr zwei Millionen Euro einsetzen."

Abbildung 1: Tweet Bundesministerium für Bildung und Forschung[3]

In der zugehörigen Grafik auf Twitter heißt es: *„Wir stärken ökonomische Bildung mit 2 Mio. Euro."*

Was als harmloser und unscheinbarer Tweet erscheint, ist nichts weniger als Deutschlands Mondmission! Nach jahrelanger Verzögerung und Untätigkeit der deutschen Politik möchte sich nun das Bundesministerium für Bildung und Forschung für das Thema „ökonomische Bildung" einsetzen. Für viele Akteure im Bereich der Finanzbildung und ökonomischen Bildung ist das ein Paukenschlag! Und der kommt überraschend: Denn weder die Themen „Finanzbildung" und „Finanzkompetenz" noch das Thema „ökonomische Bildung" finden im Koalitionsvertrag der derzeit regierenden Ampel-Koalition aus SPD, Bündnis 90/DIE GRÜNEN und FDP Berücksichtigung.[4]

Februar 2023

Auf die Ankündigung des Bundesbildungsministeriums folgt der nächste Schritt. Im Februar 2023 kündigen das Bundesministerium der Finanzen und das Bundesministerium für Bildung und Forschung eine Veranstaltung unter dem Titel „Aufbruch finanzielle Bildung" an, die sich als Auftakt für die Entwicklung einer nationalen Finanzbildungsstrategie für Deutschland herausstellen wird. Erstmals wird hier der Begriff „finanzielle Bildung" statt „ökonomische Bildung" in den Mittelpunkt gerückt. Die beiden Begriffe weisen deutliche inhaltliche Unterschiede auf. Gehen wir zunächst auf den Begriff der ökonomischen Bildung ein.

„Nahezu sämtliche Entscheidungen des täglichen Lebens [...] erfordern ökonomische Kenntnisse."[5] In vielen Aspekten des Alltags gibt es Berührungspunkte mit unterschiedlichen wirtschaftlichen Fragestellungen. Ein Großteil der Menschen in Deutschland muss Entscheidungen über das eigene Spar-, Anlage- und Konsumverhalten treffen und tritt als Verbraucher, Arbeitnehmer oder Unternehmer am Markt auf. In all diesen Situationen werden wirtschaftliche Kompetenzen benötigt, um selbstbestimmt und zielorientiert zu handeln. Aus diesem Grund wird die ökonomische Bildung zunehmend relevanter. Ihr Ziel ist es, mündige Wirtschaftsbürger zu formen, die auf Grund ihrer Kenntnisse, Fähigkeiten, Fertigkeiten, Haltungen und Einstellungen wirtschaftlich geprägte Lebenssituationen eigenständig bewältigen können.[6] Die Deutsche Gesellschaft für Ökonomische Bildung (DeGöB) beschreibt fünf Kompetenzen, die im Rahmen der ökonomischen Bildung zu vermitteln sind und als Bildungsstandards allgemeinbildender Schulen gelten sollten. Dazu gehören:

1. Entscheidungen ökonomisch begründen
2. Handlungssituationen ökonomisch analysieren
3. Ökonomische Systemzusammenhänge erklären
4. Rahmenbedingungen der Wirtschaft verstehen und mitgestalten
5. Konflikte perspektivisch und ethisch beurteilen[7]

Die ökonomische Bildung wird als Bestandteil der Allgemeinbildung gesehen. Unter Allgemeinbildung werden gemeinhin „Wissensinhalte und Kompetenzen [verstanden], deren Erwerb als Voraussetzung für die Teilhabe an der Gesellschaft als mündiger Bürger"[8] gilt. Die ökonomische Bildung ermöglicht durch die Vermittlung der aufgelisteten Kompetenzen die aktive Teilhabe an Wissenschaft, Politik und Gesellschaft und ist „Voraussetzung für ein selbstbestimmtes Leben"[9]. Durch ökonomische Bildung werden Fähigkeiten und Kompetenzen vermittelt, die benötigt werden, um ökonomische Lebenssituationen bewältigen zu können.[10] Daraus ergibt sich die „Schlussfolgerung, dass ökonomische Bildung integraler Bestandteil der Allgemeinbildung sein muss"[11]. Die Kultusministerkonferenz (KMK) hat bereits 2001 die ökonomische Bildung als wichtigen Bestandteil der Allgemeinbildung erkannt und als Bildungsauftrag allgemeinbildender Schulen festgeschrieben.[12] Inwiefern die ökonomische Bildung tatsächlich in den Lehrplänen der allgemeinbildenden Schulen verankert ist, wurde im Rahmen der OeBix-Studie untersucht, die 2021 im Auftrag der Flossbach von Storch Stiftung durchgeführt wurde. Hierbei wurden die strukturellen Rahmenbedingungen der ökonomischen Bildung an weiterführenden allgemeinbildenden Schulen in Form von Erlassen, Stundenkontingenten sowie Lehr- und Bildungsplänen analysiert. Die Ergebnisse der Studie zeigen, dass deutliche Unterschiede zwischen den einzelnen Bundesländern bestehen. Der errechnete OeBix-Gesamtindex setzt sich aus verschiedenen Variablen wie den Kontingentstunden, einer Belegpflicht und der Möglichkeit zur Prüfung im Abitur sowie zur Lehrkräftebildung zusammen. Ein Index von 100% entspricht dabei einem normalen Nebenfach, wie beispielsweise Erdkunde oder Geschichte.[13]

Insgesamt konnte kein Bundesland einen Index von 100% erreichen. Niedersachsen, Baden-Württemberg und Bayern haben mit jeweils über 60% die besten Ergebnisse erzielt. Die niedrigsten Indexzahlen weisen Sachsen und Rheinland-Pfalz mit jeweils unter 30% auf.[14]

Die ökonomische Bildung setzt sich mit verschiedenen Themenfeldern auseinander. Die Abbildung 2 zeigt die verschiedenen Teilgebiete der ökonomischen Bildung. Die Auflistung ist nicht zwingend abschließend, da sich das Themenfeld ständig weiterentwickelt und weitere Teilgebiete zugeordnet werden können.

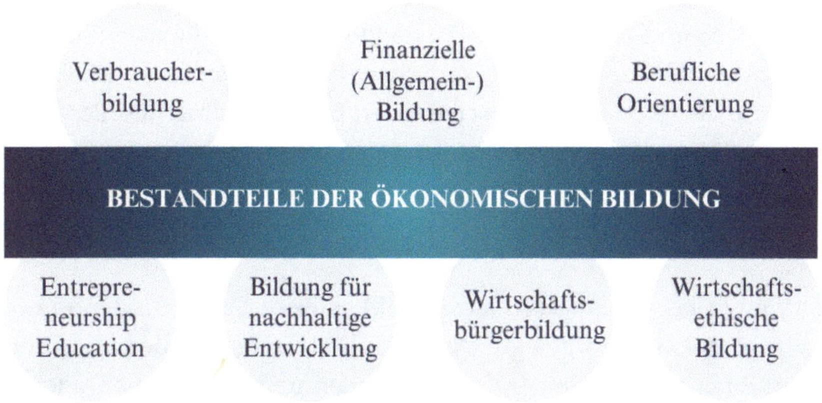

Abbildung 2: Bestandteile der ökonomischen Bildung

Aus der Abbildung 2 geht hervor, dass die finanzielle (Allgemein-)Bildung als integrativer Bestandteil der ökonomischen Bildung gesehen wird. Diese Meinung wird in der Literatur häufig vertreten.[15] Inhaltlich beschäftigt sich die finanzielle Bildung beispielsweise mit dem Planen von Einnahmen und Ausgaben, Möglichkeiten zum Sparen und Investieren oder dem Kreditwesen. Aufgrund des gesellschaftlichen, technischen und wirtschaftlichen Wandels ist die finanzielle Bildung in den letzten Jahren zunehmend relevanter geworden. Und auch im wissenschaftlichen Diskurs rückt die finanzielle Allgemeinbildung zunehmend in den Fokus. Sowohl im englisch- als auch im deutschsprachigen Raum hat sich die Anzahl an wissenschaftlichen Publikationen und Zitierungen mit den Begriffen „Financial Literacy“ oder „Financial Knowledge“ bzw. „finanzielle Allgemeinbildung“ im Titel in den letzten beiden Jahrzehnten nahezu exponentiell gesteigert.[16] Trotzdem besteht ein

„definitorisches Defizit für Financial Literacy."[17] In vielen Studien und Publikationen werden die untersuchten Begriffe gar nicht oder nur unzureichend definiert. Darüber hinaus werden Begriffe wie „Finanzbildung" und „Finanzkompetenz" häufig synonym genutzt, und es wird keine Unterscheidung zwischen den Begriffen vorgenommen. Ein klares Begriffsverständnis ist jedoch eine wichtige Voraussetzung für die erfolgreiche und zielgerichtete Entwicklung einer nationalen Finanzbildungsstrategie und für die Zusammenarbeit verschiedener Interessengruppen. Wir wollen die verschiedenen Begriffe daher definieren. Die Begriffe „Finanzbildung" und „finanzielle Bildung" nutzen wir synonym, den Begriff „Finanzkompetenz" wollen wir jedoch deutlich abgrenzen.

Wie wir bereits erwähnt haben, gibt es weder in Deutschland noch international eine festgelegte Definition für die beiden Begriffe. Einige Definitionen verschiedener Organisationen und Expertinnen oder Experten weisen jedoch Gemeinsamkeiten auf, die auch aus unserer Sicht besonders zutreffend sind. In diesen Definitionen wird auch dem bildungstheoretischen Hintergrund Beachtung geschenkt, der eine eindeutige Abgrenzung von Bildung und Kompetenz ermöglicht.[18] In Anlehnung an die Definitionen von Kaminski und Friebel sowie von Atkinson und Messy[19], aufgestellt für das Internationale OECD-Netzwerk zur Finanziellen Bildung (OECD/INFE), und unter Beachtung des bildungstheoretischen Hintergrunds haben wir daher folgende Definition aufgestellt, in der die beiden Begriffe „Finanzbildung" und „Finanzkompetenz" nicht nur beschrieben, sondern auch voneinander abgegrenzt werden.

Finanzbildung ist ein Prozess zur Entwicklung und Verbesserung der Finanzkompetenz einer Person durch die intrinsische persönliche Entwicklung und die Vermittlung von Wissen und Informationen von außen. Unter Finanzkompetenz werden hierbei Finanzwissen und -verständnis sowie Fähigkeiten, Fertigkeiten, Selbstbewusstsein und Motivation, dieses einzusetzen, verstanden. Diese Faktoren sowie die persönliche Einstellung, Haltung und persönlichen Werte im finanziellen Kontext (Money-Mindset) sind wichtige Voraussetzungen, um Finanzentscheidungen informiert und bewusst zu treffen.

Aus der aufgestellten Definition geht hervor, dass finanzielle Bildung die Grundlage für die Verbesserung von Finanzkompetenz ist. Auch die Ergebnisse verschiedener Studien belegen, dass sich Finanzbildungsmaßnahmen positiv auf die Finanzkompetenz von Personen und Personengruppen auswirken.[20] Kaiser, Lusardi, Menkhoff und Urban beispielsweise haben im Rahmen einer Metaanalyse insgesamt 76 Studien hinsichtlich der Folgen und Auswirkungen von Finanzbildungsmaßnahmen untersucht und kommen zu dem Schluss, dass „finanzielle Bildung wirksam ist"[21]. Die Förderung der Finanzbildung, beispielsweise im Rahmen einer nationalen Strategie, führt somit langfristig zu einem höheren Maß an Finanzkompetenz und folglich auch zu einem höheren finanziellen Wohlbefinden der Bevölkerung.

Um auch die inhaltlichen Aspekte der Finanzkompetenz zu erläutern, wollen wir im Folgenden vier Kernelemente darstellen, die die wesentlichen Themenfelder der Finanzkompetenz abdecken. Dabei handelt es sich um die vier Bereiche:

1. Umgang mit Geld
2. Lebensrisiken und Versicherungen
3. Schulden und Kredite
4. Vermögensbildung und Altersvorsorge[22]

Die konkrete Ausgestaltung der einzelnen Kernelemente ist abhängig von der Zielsetzung im Allgemeinen und der jeweiligen Zielgruppe im Speziellen. Eine Möglichkeit, die Zielgruppen für Finanzkompetenz zu strukturieren, ist der Lebensphasenansatz. Dieser sieht eine Unterteilung anhand der verschiedenen Lebensphasen eines Menschen vor. Die inhaltliche Ausgestaltung und Schwerpunktsetzung in den jeweiligen Kernbereichen ist in den verschiedenen Phasen unterschiedlich, sodass keine allgemeingültige Beschreibung möglich ist. Im Folgenden geben wir daher lediglich einen groben Überblick über die einzelnen Kernelemente.

1. Umgang mit Geld

Unter die Kategorie Umgang mit Geld fallen grundlegende Kenntnisse und Fähigkeiten, über die alle Personen im alltäglichen Umgang mit Geld verfügen sollen. Dazu zählen das Verständnis von generellen Informationen, wie dem Zweck von Geld, verschiedenen Arten von Geld oder Geldanlagen und unterschiedlichen Konten oder Zahlungsmitteln. Ebenso gehören Fähigkeiten zur Einschätzung und Bewertung der eigenen finanziellen Situation und zum Aufstellen und Führen eines persönlichen Haushaltsbuchs dazu. Dazu zählt auch die Aufstellung einer privaten Vermögensbilanz, die einen Überblick über die eigene finanzielle Lage sowie das Verhältnis von Vermögen und Schulden gibt. Um den täglichen Zahlungsverkehr organisieren und auf einfache Art Einzahlungen erhalten zu können, sind auch der kompetente Umgang mit dem eigenen Girokonto sowie sicheres Verhalten beim Onlinebanking Voraussetzung. Darüber hinaus ist es wichtig, Zinseffekte oder die Bedeutung der Inflation zu verstehen und auf die eigene Situation beziehen zu können. Zuletzt können auch grundlegende Kenntnisse über die Funktionsweise und den Nutzen von Steuern sowie die Fähigkeiten zur Erstellung der eigenen Steuererklärung dem Bereich zugeordnet werden.[23]

2. Lebensrisiken und Versicherungen

Der zweite inhaltliche Aspekt sind Lebensrisiken und Versicherungen. Hierzu zählt insbesondere das Verständnis von „Risiken für den Einzelnen, für seine Familie, für Gruppen und für die Gesellschaft insgesamt"[24]. Dabei stehen vor allem existenzielle Risiken mit Folgen für die eigene finanzielle Situation im Vordergrund. Außerdem soll ein Verständnis für die Funktionsweise von Versicherungen, für verschiedene Versicherungsarten sowie für den Unterschied von Individual- und Sozialversicherungen entwickelt werden. Mündige Personen sollen Risiken und Versicherungen bewerten und den individuellen Nutzen abschätzen können. Hierbei sind sowohl eine Unter- als auch eine Überversicherung zu vermeiden.[25] Weitere wichtige Aspekte, insbesondere bei der Gründung einer Familie, sind beispielsweise das Verständnis über die Vor- und Nachteile von Eheverträgen, Vollmachten und Testamenten. Jede und jeder Einzelne sollte in der Lage sein, eine bewusste Entscheidung treffen zu können, welche Verträge für ihre bzw. seine individuelle Situation hilfreich oder sogar notwendig sind.

3. Schulden und Kredite

Der dritte Kernbereich der Finanzkompetenz sind Schulden und Kredite. Hierzu zählt insbesondere das Verständnis, welche Schuldenfallen es gibt, was Verschuldung bzw. Überschuldung bedeutet und welche Folgen damit einhergehen. Außerdem sollen die Vor- und Nachteile einer Kreditaufnahme nachvollzogen und verschiedene Kreditarten sowie Kreditgeber bewertet und miteinander verglichen werden können. Mündige Personen sollen in der Lage sein, den individuell passenden Kredit auszuwählen, und darüber hinaus verschiedene Hilfs- und Beratungsstellen kennen, die ihnen im Falle einer Überschuldung Unterstützung bieten können. Auch gesamtgesellschaftliche Themen, wie die Staatsverschuldung oder Finanz- bzw. Schuldenkrisen, fallen in diese Kategorie.[26]

4. Vermögensbildung und Altersvorsorge

Weitere wichtige Aspekte der Finanzkompetenz sind die Vermögensbildung und die Altersvorsorge. Dieser Teil der Finanzkompetenz gewinnt insbesondere durch die demografische Situation in Deutschland zunehmend an Bedeutung. Individuen müssen in der Lage sein, den Status quo der eigenen Situation zu ermitteln und Ziele für die Zukunft, insbesondere im Hinblick auf den Erhalt ihres Lebensstandards, festzulegen. Sie sollten sich darüber bewusst sein, dass Sparen bedeutet, „in der Gegenwart zugunsten der Zukunft auf Konsum zu verzichten“[27], und wissen, welche verschiedenen Möglichkeiten zur Geldanlage und welche verschiedenen Einkommensarten es gibt. Dabei soll auch die Möglichkeit, Vermögen als Einkommensquelle zu nutzen, erkannt werden. Mündige Personen sollen in der Lage sein, verschiedene Finanzprodukte zu vergleichen und das beste Produkt für ihre individuelle Situation auszuwählen.[28] Hierbei kann durchaus die Hilfe von Versicherungsmaklern, Honorarberatern oder Bankangestellten in Anspruch genommen werden. Jedoch ist es wichtig, dass mündige Personen die Gespräche auf Augenhöhe führen können. Alle Entscheidungen für oder gegen einzelne Produkte sollten informiert, bewusst und zielgerichtet getroffen werden.

Das übergeordnete Kernelement Money-Mindset beinhaltet die persönliche Einstellung und Werthaltung in Bezug auf Geld und andere Finanzthemen. Diese Denkhaltung ist sehr individuell und entwickelt sich das ganze Leben über weiter. Das Money-Mindset ist geprägt von der Denkhaltung anderer Personen aus dem näheren Umfeld, insbesondere der Eltern und weiteren Bezugspersonen, sowie persönlichen Erfahrungen. Man unterscheidet zwischen der persönlichen Einstellung und der allgemeinen Einstellung. Die persönliche Einstellung umfasst die Bewertung der eigenen aktuellen finanziellen Situation und persönliche finanzbezogene Ziele. Die allgemeine Einstellung beinhaltet die Einstellung und Bewertung von wirtschaftlichen Unternehmen, Marktformen wie dem Kapitalismus, dem Finanzmarkt und Geldinstituten. Im Laufe des Lebens entwickeln alle Menschen Blockaden, Glaubenssätze und Verhaltensmuster in Bezug auf den Umgang mit Finanzen, die ihr Verhalten und ihre Entscheidungen beeinflussen. Im Rahmen der Finanzkompetenz soll das Money-Mindset positiv beeinflusst werden, um die Auseinandersetzung mit den eigenen Finanzen zu fördern.

Die Entscheidung der beiden Ministerien, sich inhaltlich zunächst auf die finanzielle Bildung zu fokussieren und die weiteren Themenfelder der ökonomischen Bildung erst einmal außer Acht zu lassen, kann angesichts der wertvollen Inhalte und Relevanz der weiteren Bereiche kritisch gesehen werden. Die Stärkung der Bereiche Entrepreneurship Education und Bildung für nachhaltige Entwicklung ist notwendig und wertvoll, findet aber unter der derzeitigen Definition von finanzieller Bildung nur wenig Berücksichtigung. Jedoch sollte aus unseren Ausführungen deutlich werden, dass alleine die Betrachtung der finanziellen Bildung eine hohe Komplexität mit sich bringt. Bei der Aufstellung einer nationalen Strategie zur Verbesserung der ökonomischen Bildung hätte zusätzlich das Bundesministerium für Wirtschaft und Klimaschutz in den Implementierungsprozess eingebunden werden müssen, wodurch die Koordination der Initiative und die Entwicklung der Strategie noch komplexer geworden wären. So kann die Initiative „Aufbruch finanzielle Bildung“ im optimalen Fall als erster Schritt auf dem Weg zu einer umfassenden nationalen Strategie zur ökonomischen Bildung gesehen werden. Nach der erfolgreichen Einführung einer Finanzbildungsstrategie wäre somit eine Ausweitung im Rahmen einer Folgestrategie denkbar.

März 2023

Am 23. März 2023 fand schließlich die Veranstaltung „Aufbruch finanzielle Bildung“ des BMFs und des BMBFs in Berlin statt. Die Wirtschaftsjournalistin und Learn-Money-Gründerin Carola Ferstl moderierte das Panel, in dem Bundesfinanzminister Christian Lindner gleich zu Beginn betonte, dass jeder tagtäglich mit zahlreichen finanziellen Fragen konfrontiert werde, die im Alltag beantwortet werden müssen. Gleichzeitig hinterfragte er, ob sich in Deutschland tatsächlich alle Menschen intensiv mit den täglich zu treffenden Finanzentscheidungen auseinandersetzen. Er stellte fest, dass Deutschland im Vergleich zu anderen Ländern diesbezüglich nicht gut aufgestellt sei. Für ihn sei gerade das ein Grund, weswegen Millionen Menschen in Deutschland wertvolle Chancen liegen ließen, die Altersvorsorge vieler Deutschen nicht gut aufgestellt sei, sie sich beim Handyvertrag „abziehen" ließen oder Anlageentscheidungen träfen, von denen die Anlagevermittler mehr profitierten als sie selbst. Lindner forderte daher eine Stärkung der finanziellen Bildung, um die Menschen in Deutschland in die Lage zu versetzen, bessere Entscheidungen im Hinblick auf die eigene finanzielle Situation zu treffen. Die Bundesbildungsministerin Bettina Stark-Watzinger führte aus, wie wichtig finanzielle Bildung sei und wie diese dazu beitragen könne, dass Menschen ihr Potenzial entfalten können und ihre Handlungsoptionen kennen und nutzen. Sie betonte, dass finanzielle Bildung ein Teil der Allgemeinbildung sein sollte und es in Deutschland an diesem Wissen oft mangele. Sie wies auch darauf hin, dass Frauen oft weniger Zugang zu finanziellen Mitteln hätten und es umso wichtiger sei, dass sie in die finanzielle Bildung einbezogen werden, um ihr Potenzial zu stärken. Stark-Watzinger schloss damit, dass finanzielle Bildung eine Veränderung im Leben bewirken könne und es von Bedeutung sei, dass Menschen mehr finanzielle Bildung erhalten, um klügere Entscheidungen für sich selbst zu treffen.

Die Veranstaltung in Berlin fand unter Beteiligung zahlreicher Protagonisten und Protagonistinnen der Finanzbildung statt. So diskutierten der Bundesfinanzminister und die Bundesbildungsministerin mit einem Panel, das unterschiedliche Perspektiven der finanziellen Bildung einbrachte und einen Querschnitt der Finanzbildungsszene repräsentierte. Unter anderem waren Verena von Hugo, Co-Vorsitzende des Vorstands vom Bündnis Ökonomische Bildung Deutschland, Prof. Dr.

Carmela Aprea, Finanzbildungsexpertin der Universität Mannheim, Burkhard Balz, Vorstandsmitglied der Deutschen Bundesbank, und Mark Branson, Präsident der Bundesanstalt für Finanzdienstleistungsaufsicht (BaFin) Teil des Panels.

Auf der Veranstaltung der beiden Ministerien wurde darüber hinaus das gemeinsame Eckpunktepapier vorgestellt, das die folgenden drei zentralen Eckpunkte für die Verbesserung der finanziellen Bildung in Deutschland enthält. Wörtlich heißt es darin:

1. Wir werden eine Finanzbildungsstrategie für Deutschland erarbeiten, zusammen mit der OECD und unter Einbeziehung aller relevanten Stakeholder. Diese Strategie wird die aktuell in Deutschland bestehenden Defizite adressieren und daraus konkrete Handlungsempfehlungen ableiten; hierzu werden wir noch in diesem Jahr u. a. eine größere Konferenz ausrichten.
2. Wir werden eine zentrale Finanzbildungsplattform schaffen, welche Finanzbildungsangebote bündelt und für die Bedürfnisse unterschiedlicher Nutzerinnen und Nutzer in adressatengerechten Formaten bereitstellt sowie die Vernetzung von Akteuren im Bereich der finanziellen Bildung fördert.
3. Wir werden die Forschung zu finanzieller Bildung stärken, um unter anderem die Forschungs- und Datengrundlage in Deutschland zu verbessern sowie zukünftige bildungspolitische Maßnahmen evidenzbasiert zu entwickeln. [29]

Oktober 2023

Am 20. Oktober 2023 fand in Berlin ein Workshop zur Entwicklung der nationalen Finanzbildungsstrategie für Deutschland für ausgewählte Stakeholder statt, zu dem wir auch eingeladen wurden. Im Rahmen des Stakeholder-Workshops haben verschiedene Interessengruppen über die Themen „Zielgruppen" und „Inhalte" der Strategie gesprochen und sich über verschiedene Ansätze zur Erstellung der Strategie ausgetauscht. Dabei wurde noch einmal betont, wie wichtig die flächendeckende Vermittlung von finanzieller Bildung in Deutschland ist und dass Qualitätssicherung ein zentrales Thema sein muss.

Das Ziel des Bundesfinanzministeriums und des Bundesbildungsministeriums bei der Entwicklung einer nationalen Finanzbildungsstrategie sollte sein, alle Bürgerinnen und Bürger mit finanzieller Bildung zu versorgen, damit diese die notwendige Finanzkompetenz erlangen können. Nur dann können sie die für sie selbst relevanten Finanzentscheidungen informiert, bewusst und zielorientiert treffen. Denn mittlerweile ist die aktive, zielgerichtete und selbstbestimmte Teilhabe am Wirtschaftsleben nur für diejenigen möglich, die über ein hohes Maß an Finanzkompetenz verfügen.[30] Verschiedene Studien haben gezeigt, dass Personen mit einem ausgeprägten Finanzwissen und einem hohen Maß an Finanzkompetenz bessere Entscheidungen in Finanzfragen treffen.[31] Studienergebnisse zeigen deutlich, dass ein Zusammenhang zwischen dem Stand der Finanzkompetenz und der Qualität der getroffenen Finanzentscheidungen besteht. Personen, die über ein hohes Maß an Finanzkompetenz verfügen, treffen fast doppelt so häufig korrekte Entscheidungen bei abgefragten Szenarien als Personen, die keine hohe Finanzkompetenz aufweisen.[32] Weitere Studien zeigen, dass ein Zusammenhang zwischen dem Finanzwissen und dem Finanzverhalten einer Person besteht.[33] Ein ausgeprägtes Finanzwissen führt folglich zu einem besseren Finanzverhalten.

Neben der Verbesserung des Finanzverhaltens fördert Finanzbildung auch die finanzielle Inklusion. Unter finanzieller Inklusion sind der Zugang und die Nutzung von Finanzprodukten und -dienstleistungen zu verstehen. Die finanzielle Inklusion einzelner Personen wird dabei sowohl durch die Angebotsseite als auch durch die Nachfrageseite beeinflusst. Die Angebotsseite spiegelt die Verfügbarkeit von Finanzprodukten oder -dienstleistungen wider. Die

Nachfrageseite bezieht sich auf die Nutzung finanzieller Produkte oder Dienstleistungen. Diese setzt sowohl die Verfügbarkeit einer Finanzinfrastruktur als auch ein entsprechendes Verständnis über die Nutzung und die Vorteile einzelner Bestandteile voraus. Hieraus wird deutlich, dass Finanzwissen nicht mit Finanzkompetenz gleichzusetzen ist. Es ist nicht ausreichend, nur zu wissen, welche Angebote es gibt. Die einzelnen Produkte müssen bewertet und ein individuell passendes Angebot ausgewählt werden können.[34] Ein hohes Maß an Finanzkompetenz ist somit Voraussetzung, „um die finanzielle Infrastruktur auch wirklich nutzen zu können".[35]

Der SCHUFA-Finanz-Inklusions-Index gibt an, „in welchem Maße einzelne Bevölkerungsgruppen an Finanzdienstleistungen [...] teilhaben".[36] Obwohl die Ergebnisse insgesamt „zufriedenstellend"[37] sind, sind deutliche Unterschiede zwischen einzelnen Bevölkerungsgruppen erkennbar. Vor allem jüngere Personen, Personen mit geringem Haushaltseinkommen und Personen mit niedrigerem Bildungsstand weisen ein deutlich niedrigeres Maß an finanzieller Inklusion auf als der Durchschnitt der Gesellschaft. Ein besonders niedriges Ergebnis erzielen Personen mit sehr niedriger Digitalkompetenz. Dies ist vor allem darauf zurückzuführen, dass Dienstleistungen von Banken und Versicherungsunternehmen zunehmend online angeboten werden. Personen mit niedriger Digitalkompetenz können diese Angebote nicht nutzen, unabhängig davon, ob sie in finanzieller Hinsicht über das notwendige Wissen und die entsprechenden Kompetenzen verfügen. Die aktive Teilhabe am Finanzsystem ist folglich nicht für alle Personen in gleichem Maße möglich. Aus diesem Grund ist die Förderung der finanziellen Inklusion von hoher Relevanz. Ein funktionierendes Finanzsystem, an dem die gesamte Bevölkerung teilhaben kann und das somit durch die gesamte Bevölkerung mitgestaltet wird, ist eine wichtige Voraussetzung für die wirtschaftliche Entwicklung eines Landes. Daraus geht hervor, dass finanzielle Bildung nicht nur aus sozialen Gründen wichtig, sondern auch ökonomisch relevant ist.

Die gesamtgesellschaftliche Bedeutung und Verknüpfung von Finanzbildung und finanzieller Inklusion zeigt, dass es für die Menschen essenziell ist, finanziell gebildet zu sein. Menschen, die bei diesen Rahmenbedingungen keinen Zugang zu finanzieller Bildung haben, sind stark benachteiligt und ausgeschlossen. Das macht deutlich, dass die Strategie zur Verbesserung der finanziellen Bildung nichts weniger ist als Deutschlands Mondmission.

Kapitel 2: Bedeutung der nationalen Finanzbildungsstrategie

„We do these things not because they are easy, but because they are hard."

John F. Kennedy

Von einer Mondmission hat auf den Veranstaltungen im März und Oktober 2023 in Berlin und auch sonst in der Öffentlichkeit bislang niemand gesprochen. Doch warum eigentlich nicht? Finanzielle Bildung ist kein Selbstzweck, denn wenn Finanzbildung nicht angewandt wird, ist sie nahezu wertlos. Es geht daher vor allem darum, was finanzielle Bildung bewirken kann. Werden auf der Basis von Finanzbildung informierte, bewusste und zielgerichtete Finanzentscheidungen getroffen, so kann das beispielsweise im Hinblick auf die Themen Absicherung, (Alters-)Vorsorge, Immobilien oder Vermögensaufbau lebensverändernde Auswirkungen haben. Es geht somit nicht um die Finanzbildung an sich, sondern darum, diese so einzusetzen, dass vorhandene Produkte und Konzepte zur Erreichung der eigenen Lebensziele genutzt werden können.

Im Eckpunktepapier des Bundesfinanzministeriums und des Bundesbildungsministeriums wird aufgeführt, dass „im Bereich der finanziellen Bildung in Deutschland Nachholbedarf"[38] besteht. Verschiedene Studien zeigen, dass die Finanzkompetenz in Deutschland insgesamt niedrig ist. Auch wenn die deutsche Bevölkerung im internationalen Vergleich verhältnismäßig gut dasteht und häufig überdurchschnittliche Ergebnisse erzielen kann, können viele Studienteilnehmende aus Deutschland bereits einfache Fragen zu verschiedenen Finanzthemen nicht korrekt beantworten.[39]

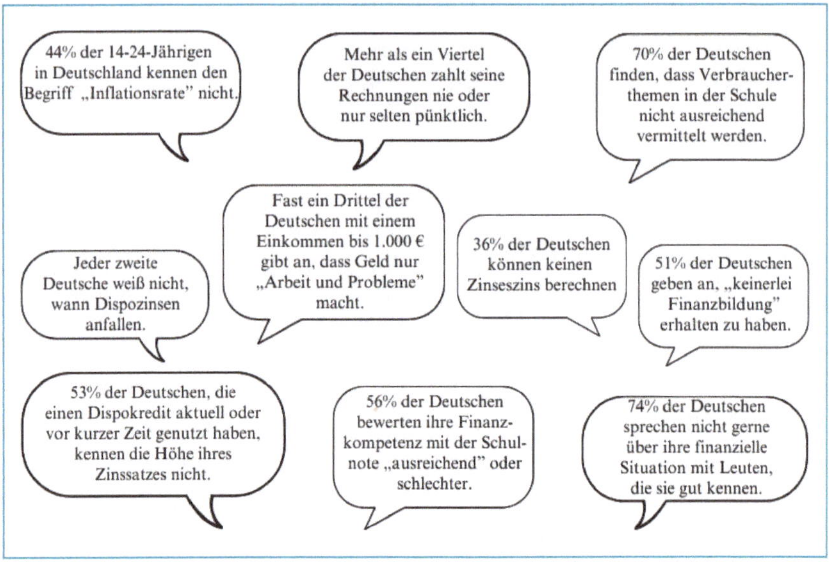

Abbildung 3: Finanzkompetenz in Deutschland[a]

Darüber hinaus ist die Finanzkompetenz in Deutschland sehr heterogen verteilt. Verschiedene sozio-demografische Merkmale haben Einfluss auf die Finanzkompetenz bzw. das Finanzwissen einer Person.[40] Daraus geht hervor, dass für einzelne Personengruppen spezifische Angebote zur Verbesserung der Finanzkompetenz eingerichtet werden müssen, um soziale Ungleichheiten zu vermindern und für mehr Chancengerechtigkeit zu sorgen. In den meisten Studien werden die Merkmale Geschlecht, Alter, Bildungsstand sowie das Einkommen der Studienteilnehmenden erhoben und zur Differenzierung der Ergebnisse herangezogen.[41]

Die Ergebnisse verschiedener Studien sind dabei eindeutig. Männer weisen durchschnittlich ein höheres Maß an Finanzwissen bzw. Finanzkompetenz auf als Frauen. Ein ebenso deutlicher Unterschied ergibt

[a] Diese und weitere Studien sind unter folgendem Link zu finden: www.degefin.de/aufbruch-fibi/studien

sich auch in der Selbsteinschätzung der Teilnehmenden. Hier sind die Unterschiede jedoch häufig deutlich größer, woraus abgeleitet werden kann, dass Frauen ihre Finanzbildung häufig unterschätzen, während Männer diese häufig überschätzen.[42] Das Alter hat ebenfalls einen Einfluss auf die Ergebnisse, die die Teilnehmenden verschiedener Studien durchschnittlich erzielen konnten. So konnten häufig Personen aus der Kohorte der 30–50-Jährigen bessere Ergebnisse erzielen als jüngere oder ältere Personen. Tendenziell nimmt die Anzahl an korrekt beantworteten Fragen mit zunehmendem Alter der Befragten ab.[43] Sowohl hoher Bildungsstand als auch eine gesicherte wirtschaftliche Lage haben einen positiven Einfluss auf die Finanzkompetenz. Eine Kausalität von Bildungsstand und Finanzkompetenz lässt sich dadurch stützen, dass vor allem Fragen zur Inflation und zu Zinsen in den meisten Studien durchschnittlich am häufigsten korrekt beantwortet wurden. Um die Fragen richtig beantworten zu können, sind insbesondere Rechenfähigkeiten notwendig, die in der Schule, in der Regel im Mathematikunterricht, gelehrt werden. Die Fragen zu Risiken von Fonds oder Anlagestrategien wurden durchschnittlich eher selten richtig beantwortet. Diese erfordern ein spezifisches Finanzwissen, welches (sofern überhaupt) nur in höheren Bildungseinrichtungen vermittelt wird. Ein hoher Bildungsstand führt jedoch nicht auch automatisch zu einem höheren Maß an Finanzwissen oder Finanzkompetenz.[44]

Ob ein höheres Vermögen oder ein hohes Haushaltseinkommen tatsächlich ursächlich für ein hohes Maß an Finanzkompetenz sind, ist fragwürdig. Vielmehr ist eine Beeinflussung der Finanzsituation der Befragten durch ihre jeweilige Finanzkompetenz denkbar. So können Einkommen und Vermögen beispielsweise durch die richtigen Anlagestrategien oder zusätzliche Einnahmen durch Zinsen, Dividenden oder Mieterträge gesteigert werden, die die Personen aufgrund ihrer Finanzkompetenz erlangen konnten. Wie bereits aufgeführt, treffen Personen, die über ein hohes Maß an Finanzkompetenz verfügen, bessere Finanzentscheidungen. Auch die Herkunft spielt eine wichtige Rolle im

Hinblick auf die Finanzkompetenz. Personen ohne Migrationshintergrund weisen häufig eine höhere Finanzkompetenz auf als Personen mit Migrationshintergrund.[45]

Als Kennedy seine Pläne zur Mondmission mitteilte, befanden sich die USA im Kalten Krieg mit der Sowjetunion. Die Sowjetunion hatte zuvor wichtige Errungenschaften im Bereich der Raumfahrt erzielt, wie zum Beispiel den Start des ersten künstlichen Satelliten Sputnik im Jahr 1957 und den ersten bemannten Weltraumflug mit Juri Gagarin im Jahr 1961. Diese Ereignisse hatten das Selbstvertrauen der USA in Bezug auf ihre technologische Überlegenheit und ihre Fähigkeit, auf dem Gebiet der Raumfahrt zu führen, erschüttert. Die USA waren in der Defensive.[46]

Auch Deutschland ist im Hinblick auf die finanzielle Bildung seiner Bevölkerung und die bisherige politische Untätigkeit in einer defensiven Lage. Dies ist insbesondere wegen der ungleichen Voraussetzungen verschiedener Bevölkerungsgruppen, die die soziale Ungleichheit verstärken, ein wichtiger Aspekt. Während die OECD die Notwendigkeit zur Förderung der finanziellen Bildung früh erkannt und bereits 2005 dazu aufgefordert hat, hat sich Deutschland durch die politische Untätigkeit immer weiter in eine defensive Lage gebracht. Nach der globalen Finanzkrise 2008/2009 hat die OECD schließlich konkrete Forderungen zur Erstellung einer nationalen Finanzbildungsstrategie formuliert.[47] In regelmäßigen Abständen veröffentlicht die OECD bzw. das Internationale OECD-Netzwerk zur Finanziellen Bildung (OECD/INFE) Informationen über die aktuelle Situation in den jeweiligen Mitgliedstaaten. Deutschland ist bald das einzige OECD-Mitglied, das über keine nationale Strategie zur Verbesserung der Finanzkompetenz verfügt.[48] Folglich besteht dringender Handlungsbedarf, um den Forderungen der OECD nachzukommen. Auch viele Expertinnen und Experten unterstützen die Forderung der OECD und setzen sich für die Einführung einer nationalen Strategie zur Verbesserung der

Finanzkompetenz in Deutschland ein. Prof. Dr. Kaiser und Prof. Dr. Menkhoff beispielsweise fordern 2021 die Entwicklung einer nationalen Strategie für finanzielle Bildung.[49] Auch Prof. Dr. Aprea erachtet die Einführung einer nationalen Finanzbildungsstrategie als „sinnvoll und notwendig“[50]. Auch von unserer Seite kam bereits im November 2016 im Rahmen der 10-Jahresfeier des Netzwerkes Finanzkompetenz NRW die Forderung nach einer bundesweiten Strategie zur Verbesserung der Finanzbildung.[51]

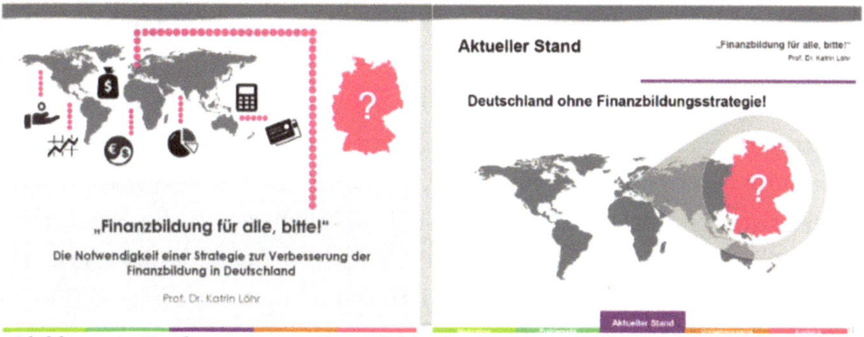

Abbildung 4: Forderung einer Finanzbildungsstrategie – Vortrag Prof. Dr. Löhr am 16.11.2016

In den letzten Jahren sorgten sowohl das historisch niedrige Zinsniveau als auch die historisch hohen Inflationsraten dafür, dass finanzielle Bildung nicht nur für eine aktive Teilhabe am Finanzmarkt und zur Steigerung des finanziellen Wohlbefindens, sondern auch für eine eigenverantwortliche Altersvorsorge unerlässlich geworden ist. Der negative Realzins führt dazu, dass risikoarme Geldanlagen nicht dazu geeignet sind, auf realer Ebene Vermögen aufzubauen oder die Rentenlücke zu schließen. Menschen mit mangelnder Finanzkompetenz, die diese Zusammenhänge nicht erkennen oder verstehen, sind somit stark benachteiligt. Jeder Tag, der vergeht, an dem keine informierte Entscheidung über die eigene finanzielle Situation getroffen wird, führt faktisch zu finanziellen Nachteilen. Die Notwendigkeit, privat für das Alter vorzusorgen, ist aufgrund der demografischen

Entwicklung und einer damit verbundenen wachsenden Rentenlücke so hoch wie nie zuvor. Hierbei ist zu beachten, dass es keine Lösung ist, keine Entscheidung zu treffen. Denn keine Entscheidung ist auch eine Entscheidung. Untätigkeit wird beispielsweise in Bezug auf die Situation der Altersvorsorge in den meisten Fällen mit einer nicht gedeckten Rentenlücke und damit einem gesunkenen Lebensstandard im Alter bestraft.

Durch die wachsende Anzahl und steigende Komplexität von Finanzprodukten und -dienstleistungen wird es immer schwieriger, Finanzentscheidungen zu treffen und selbstsicher am Finanzmarkt agieren zu können. Die dadurch entstehenden Unsicherheiten sowie Geldsorgen im Allgemeinen sind eine der Hauptursachen für Stress. In einer Umfrage der Prudential Insurance Company of America gaben 57% der befragten Mitarbeitenden an, sich durch ihre finanzielle Situation sehr oder etwas gestresst zu fühlen.[52] Noch deutlicher sind die Ergebnisse der „Stress in America"-Umfrage der American Psychological Association, in der knapp drei Viertel der Befragten angaben, durch Geld gestresst zu sein. Knapp ein Viertel der Befragten hat angegeben, sogar extremen Stress aufgrund von Geldsorgen erfahren zu haben.[53] Rund 54% der Teilnehmenden der PwC-Annual Employee Financial Wellness Survey 2020 gaben an, dass Geld- und Finanzsorgen sogar der größte Verursacher von Stress sind.[54] Stress hat verschiedenen Studien zufolge negative Auswirkungen auf die Gesundheit und die Produktivität von Menschen.[55] Zu den häufigsten Symptomen gehören Gereiztheit, Nervosität, Kopfschmerzen sowie Schlafstörungen und damit verbundene Müdigkeit, Konzentrationsprobleme und Schlappheit.[56] Ein höheres Maß an Finanzkompetenz ermöglicht es Personen, selbstbestimmt und zielorientiert am Finanzmarkt zu agieren und aktiv am Wirtschaftsleben teilzuhaben. Durch fundierte Finanzentscheidungen kann die eigene finanzielle Situation aktiv beeinflusst werden. Personen können dadurch langfristig sowohl ihr finanzielles Wohlbefinden als auch ihre Gesundheit steigern. Aus diesem Grund verwundert es nicht, dass nicht nur in Expertenkreisen, sondern auch in der Gesellschaft die Forderungen nach einer nationalen Strategie zur Verbesserung der Finanzkompetenz zunehmen.[57] Insgesamt ist die Erstellung einer nationalen Strategie nicht nur dringend notwendig, sondern auch längst überfällig.

Die Aufgabe, qualitativ hochwertige finanzielle Bildung in alle Bevölkerungsschichten zu bringen, ist eine große Herausforderung. Auch wenn wir im 2. Teil dieses Buches auf Herausforderungen eingehen werden, wollen wir uns hier bewusst auf die Chancen, Möglichkeiten und Vision fokussieren. Denn wenn wir uns auf ein Hindernis fokussieren, konzentriert sich unsere Aufmerksamkeit darauf, und unser Gehirn bereitet sich darauf vor. Analog zu den Ausführungen in dem Buch „Disrupt Disruption" wollen wir uns hier auf das „Window of Opportunity" konzentrieren.[58] Wir benötigen im Rahmen der Strategie zur Verbesserung der Finanzbildung eine große und inspirierende Vision, auf die wir uns konzentrieren und die uns über die zweifellos vorhandenen Hindernisse hinwegträgt. Es ist essenziell, dass wir uns bei dieser großen gesellschaftlichen Aufgabe auf all das vorhandene Potenzial, unsere Entschlossenheit und den gewünschten Endzustand fokussieren.

Die defensive Position Deutschlands ist einerseits bedauerlich, kann aber andererseits auch als Chance gesehen werden. Als einer der letzten OECD-Mitgliedstaaten, der sich nun entschlossen hat, eine bundesweite Strategie zur Verbesserung der Finanzbildung zu entwickeln, kann Deutschland von den Erfahrungen der anderen Länder profitieren. Diese befinden sich teilweise bereits in der zweiten und dritten Auflage ihrer Strategie zur Verbesserung der Finanzbildung.[b] Das bedeutet, dass in anderen Ländern bereits wertvolle Erfahrungen gesammelt wurden. Es gibt verschiedene staatliche Plattformen, die zur

---

[b] Australien, Kanada und Neuseeland haben beispielsweise bereits mehrfache Auflagen ihrer Strategie erarbeitet.

Verbesserung der Finanzbildung entwickelt wurden und die Deutschland als Inspiration zur Entwicklung seiner eigenen Finanzbildungsplattform heranziehen kann.[59] All das kann dazu führen, dass es Deutschland aus einer defensiven Lage heraus bewerkstelligt, seine gesamte Bevölkerung zwar spät, aber dafür hoffentlich umso erfolgreicher mit Finanzbildung zu versorgen.

In Deutschland gibt es bereits ein weitreichendes Angebot an verschiedensten Finanzbildungsmaßnahmen. Dazu zählen Seminare, Workshops, Newsletter, Bücher und Lernmaterialien von Banken, Wohlfahrtsverbänden, Versicherungsgesellschaften, Verbraucherzentralen sowie zahlreichen privaten Anbietern. Auch auf Social-Media-Kanälen gibt es ein umfassendes Angebot an Finanzbildungsmaßnahmen und -inhalten. Verschiedene Instagram- oder LinkedIn-Seiten, Podcasts, Lern-Apps und Streaming-Angebote, beispielsweise auf YouTube, bieten die Möglichkeit, eigenverantwortlich die Finanzkompetenz zu verbessern. Dabei ist es aufgrund des aktuell vorherrschenden Mangels an Qualitätsstandards und -kontrollen nicht so einfach zu erkennen, ob ein tatsächliches Bildungsinteresse oder kommerzielle Absichten der Anbieter im Vordergrund stehen. Dabei ist eine große Reichweite nicht automatisch verbunden mit hoher Qualität.

Sogenannte „Finfluencer" haben einen großen Einfluss auf Jugendliche und junge Erwachsene.[60] Aus den Ergebnissen einer Studie von YouGov und Younited geht hervor, dass mehr als 40% der 18–24-Jährigen Finanz-Influencern in den sozialen Medien folgen.[61] Mehr als ein Drittel der 25–34-Jährigen nutzt soziale Medien als Informationsquelle für Finanzthemen. Jeder fünfte Befragte aller Altersgruppen vertraut den Informationen von Finfluencern eher oder sehr und nutzt die Inhalte aus den sozialen Medien sogar als Grundlage für die eigenen finanziellen Entscheidungen. Eine entsprechende Kennzeichnung von unabhängigen und qualitativ hochwertigen Maßnahmen zur finanziellen Bildung ist deshalb besonders wichtig.

Während es in anderen Branchen seit Jahrzehnten offizielle (Qualitäts-)Standards gibt, sind diese für die Finanzdienstleistungsbranche Neuland. Das Deutsche Institut für Normung e. V. (DIN) ist seit mehr als 100 Jahren national wie international die unabhängige Plattform für Normung und Standardisierung.[62] Die erste DIN-Norm für die Finanzdienstleistungsbranche wurde jedoch erst 2019 veröffentlicht. Nachdem die Norm zur „standardisierten Finanzanalyse von Privathaushalten" im Jahr 2014 beantragt wurde, erfolgte ein mehrjähriger Normungsprozess unter Einbezug der Wissenschaft und der Finanzbranche, wobei unter anderem auch der DIN-Verbraucherrat sowie die Stiftung Warentest treibende Kräfte waren.[63] Schließlich wurde die DIN 77230 „Basis-Finanzanalyse für Privathaushalte" als erste DIN-Norm der Finanzdienstleistungsbranche im Januar 2019 veröffentlicht. Die DIN 77230 umfasst ein Verfahren für die Basis-Finanzanalyse für Privathaushalte im Hinblick auf die Themenbereiche Absicherung, Vorsorge und Vermögensplanung.[64]

Die DIN 77230 enthält wissenschaftlich fundierte, nachvollziehbare und transparente Standards zur Analyse der finanziellen Situation von Privathaushalten, auf deren Grundlage die Finanzberatung aufbauen kann und soll. Dadurch wird eine objektive und transparente Beratung von Privatpersonen im Hinblick auf deren finanzielle Situation ermöglicht.[65] Themen im Rahmen der Haushaltsanalyse sind die optimale Absicherung, Vorsorge und Vermögensplanung. Mittlerweile gibt es noch weitere finanzbezogene DIN-Normen, die in den letzten Jahren veröffentlicht wurden.[66]

Die Deutsche Gesellschaft für Finanzkompetenz DeGeFin eG hat zusammen mit dem Zertifizierungsexperten DEFINO Institut für Finanznorm AG und unter Einbezug der bereits vorhandenen DIN-Normen und empirischer Erkenntnisse einen Prozess zur Zertifizierung von Finanzbildungsmaßnahmen entwickelt. Im Fokus steht dabei die Vermittlung von unabhängiger und wertvoller Finanzbildung, die hohen qualitativen Ansprüchen gerecht wird und wissenschaftliche Erkenntnisse berücksichtigt.[c]

Die Entwicklung einer nationalen Finanzbildungsstrategie bietet die Möglichkeit, einen Rahmen zur Qualitätssicherung und -kontrolle für die bereits bestehenden Maßnahmen zur finanziellen Bildung zu schaffen. Dies ist notwendig, um zu verhindern, dass falsche Informationen vermittelt oder eigene Interessen einzelner Stakeholder über die Interessen der Strategie und der Gesellschaft gestellt werden. Im Hinblick auf die Finanzbildungsmaßnahmen sollte somit ein Anforderungskatalog entwickelt werden, der bestimmte Voraussetzungen enthält, die es zu erfüllen gilt, damit die konkrete Maßnahme der nationalen Finanzbildungsstrategie zugeordnet werden kann. Maßnahmen, die die Anforderungen erfüllen und somit qualitativ hochwertig sind, können mithilfe eines Zertifikates der Strategie zugeordnet und von anderen Finanzbildungsmaßnahmen abgegrenzt werden.

Das von den beiden Ministerien erarbeitete Eckpunkteprogramm bildet eine solide Ausgangslage für die Verbesserung der finanziellen Bildung und damit für die Verbesserung der Finanzkompetenz der deutschen Bevölkerung. Besonders die Förderung der Forschung, die als ein zentraler Eckpunkt festgehalten wurde, lässt davon ausgehen, dass Qualitätsstandards festgelegt und wissenschaftliche Erkenntnisse zur Vermittlung der finanziellen Bildung herangezogen werden sollen. Dass diese konkreten Maßnahmen nun geplant und kommuniziert sind, markiert einen wichtigen Meilenstein. Doch um aus diesem Vorhaben eine erfolgreiche Mission zu machen, ist es von zentraler Bedeutung, nicht nur die Köpfe, sondern auch die Herzen der Menschen zu erreichen.

---

[c] Weitere Informationen sind unter folgendem Link zu finden: www.degefin.de/zertifizierung

Kapitel 3: Die Finanzbildungsstrategie als Deutschlands Mondmission

„Shoot for the moon. Even if you miss, you'll land among the stars."

Norman Vincent Peale

Kennedy forderte die USA dazu auf, sich einem ehrgeizigen Ziel zu widmen, das zuvor für unmöglich gehalten wurde. Dies erforderte erheblichen Mut und Einsatz von vielen Menschen. Indem Kennedy den Mut und die Entschlossenheit ausstrahlte, die für die Mondmission erforderlich waren, sprach er nicht nur die Techniker und Ingenieure an, die an der Mission arbeiteten, sondern auch die amerikanische Öffentlichkeit und ihre Führungskräfte. Er schuf eine Vision, die die amerikanische Bevölkerung dazu inspirierte, an etwas Größeres zu glauben und sich auf ein großes gemeinsames Ziel zu konzentrieren. Diese Vision half, die Menschen zu motivieren und zu mobilisieren, um das Ziel zu erreichen, einen Menschen auf den Mond und wieder zurück zu bringen.

Es gab viele Gründe, die gegen den Erfolg der Mondmission sprachen. Zunächst einmal war die Mondmission sehr teuer. Kennedy musste den Kongress erst überzeugen, um die entsprechenden finanziellen Mittel dafür sicherzustellen. Und auch eine Mittelkürzung im Nachgang der Ankündigung hätte die Mission stark gefährdet. Letztlich kostete die Mondmission mehr als doppelt so viel wie ursprünglich geplant: mehr als 20 Mrd. US-Dollar. Da die Technologie zum Zeitpunkt von Kennedys Ankündigung bei Weitem nicht leistungsfähig genug war, mussten die technologischen Entwicklungen in wenigen Jahren um ein 10-faches leistungsstärker werden. Es war somit keineswegs klar, dass die NASA zu solch einem Flug überhaupt in der Lage sein würde. Zudem war die NASA erst zwei Jahre vor Ankündigung der Mondmission gegründet worden, und viele NASA-Mitarbeitende hatten Bedenken, dass andere NASA-Projekte wegen der Mondmission an Priorität verlieren würden.

Doch Kennedys Vision und Zielsetzung inspirierten viele Menschen, einschließlich zahlreicher Wissenschaftler und Ingenieure, die sich dafür aussprachen, das Apollo-Programm zu unterstützen. „We choose to go to the moon."[67] Mit diesem mutigen Satz erreichte Kennedy die Herzen der Bevölkerung. Zudem überzeugte er mit einer Aussage, die die Bedenkenträger schweigen ließ: „We do these things not because they are easy, but because they are hard."[68] Was ist die „mutige Aussage" der Initiative „Aufbruch finanzielle Bildung"?

Dass es in Bezug auf die finanzielle Bildung „mutige Aussagen" zu tätigen gibt, ist unstrittig, denn es geht um weit mehr als nur finanzielle Bildung. Es geht um „ein Instrument der Selbstermächtigung"[69], wie Finanzminister Christian Lindner ausführt, und einen „wesentliche[n] Teil der Allgemeinbildung"[70], wie Bildungsministerin Bettina Stark-Watzinger bekräftigt. Zugleich ist finanzielle Bildung heutzutage die „Voraussetzung zur vollen gesellschaftlichen und ökonomischen Teilhabe"[71] und „eine Frage der Chancengerechtigkeit"[72]. Gleichzeitig bedeutet das, wer heutzutage keine finanzielle Bildung hat, ist stark benachteiligt. Ohne finanzielle Bildung bleibt die volle gesellschaftliche und ökonomische Teilhabe verwehrt, und das führt zu ungerechten Ausgangslagen. Finanzielle Bildung leistet somit einen wichtigen Beitrag zur Herstellung der Chancengerechtigkeit in Deutschland. Zudem ermöglicht finanzielle Bildung eine höhere Finanzkompetenz, die sich positiv auf die Gesundheit und das finanzielle Wohlbefinden auswirkt. Des Weiteren führt die Finanzkompetenz dazu, dass Entscheidungen anders getroffen und Weichen anders gestellt werden, sodass ein Leben schlussendlich anders verläuft.

Finanzielle Bildung verändert Leben

Es geht somit um so viel mehr als nur die finanzielle Bildung an sich. Finanzielle Bildung verändert Leben. Damit kann man nicht nur die Köpfe, sondern auch die Herzen der Menschen erreichen. Und genau das sollte mit der Vision angestrebt werden. Es geht um das, was finanzielle Bildung verändert und möglich macht. Die Tatsache, dass Deutschland dem Thema in den letzten Jahren keinen unterstützenden Rahmen gegeben hat, führt dazu, dass die Verbesserung der finanziellen Bildung nun umso schneller erfolgen muss. Um das zu verdeutlichen, brauchen wir jetzt Mut, um mit dem Thema „finanzielle Bildung" zu begeistern und die Herzen zu gewinnen. Ziel muss es sein, eine mutige und inspirierende Vision zu kreieren, die die Menschen mitnimmt. Eine Vision, die den Rahmen gibt, um daraus konkrete Ziele abzuleiten, die groß und ambitioniert sind und vielleicht als unmöglich, aber umso inspirierender erscheinen. So wie die Mondmission von Kennedy.

Bei der Entwicklung der Vision könnte man sich beispielsweise am Konzept des „Massive Transformative Purpose" (MTP) orientieren.[73] Der MTP ist der übergeordnete Sinn oder Zweck einer Organisation, die vielfach höher skaliert als vergleichbare Organisationen und deren Wirkung (oder Ertrag) damit überproportional hoch ist. Man spricht dann von einer „exponentiellen Organisation"[74]. Der MTP ist in der Regel extrem ehrgeizig - ob es nun um die Veränderung eines Planeten geht oder um die Veränderung einer Branche. Die Idee dahinter ist, groß und wirkungsorientiert zu denken. Folgende Beispiele von exponentiellen Unternehmen und Organisationen verdeutlichen die Idee des MTP:

- Google: „Organize the world's information" (Organisiere die Informationen der Welt)
- TED: „Ideas worth spreading" (Ideen, die es wert sind, verbreitet zu werden)

- SpaceX: „Making humanity multiplanetary" (Die Menschheit multiplanetar machen)
- X-Prize Foundation: „Bring about radical breakthroughs for the benefit of humanity" (Radikale Durchbrüche zum Wohle der Menschheit schaffen)
- Singularity University: „Positively impact one billion people" (Eine Milliarde Menschen positiv beeinflussen)

Die oben beispielhaft aufgeführten MTPs sind nicht mit kurzen, einfachen Unternehmensclaims zu verwechseln. Der MTP ist kein „Mission Statement", sondern muss einen transformierenden und damit „weltverändernden" Charakter haben. Bei genauerer Betrachtung der oben genannten Beispiele fällt auf, dass alle Statements zielgerichtet sind und die gewünschte Wirkung der Organisation enthalten. Es geht nicht um das, was die Organisation macht, sondern um das, was sie erreichen möchte. Der MTP ist weit gefasst und zielt häufig auf eine grundlegende positive Veränderung der Welt. Die angestrebte Tragweite des MTP zeigt, dass damit historische Entwicklungen angestrebt werden. Der Anspruch, damit eine positive Wirkung auf eine große Gruppe von Menschen auszulösen, ist oft der Ausgangspunkt für Innovation und Motivation. Um zu verdeutlichen, dass die im Rahmen der Strategie gesetzten Ziele auch tatsächlich erreichbar sein sollen, sprechen wir im Folgenden statt von MTPs von Visionen, da diese im deutschen Sprachgebrauch geläufiger sind.

Unabhängig davon, auf welche Weise die Vision für die nationale Finanzbildungsstrategie letztendlich aufgestellt wird, ist es wichtig, dass diese im Laufe der Zeit nicht an „Strahlkraft" verliert. Vor allem im politischen Kontext besteht die Gefahr, dass die Vision nach und nach „eingedampft" wird und ihre Wirkung verfehlt. Es muss vermieden werden, dass sie langweilig wird, so sehr, dass sie nicht mehr dazu geeignet ist, neben den Köpfen auch die Herzen aller Beteiligten zu erreichen.

Eine starke Vision vermittelt einen höheren Sinn, ermöglicht eine Emotionalisierung und hat die Kraft, Menschen zu begeistern. Dadurch kann eine kulturelle Bewegung ausgelöst werden.[75] Und genau das brauchen wir in Deutschland, wenn es um finanzielle Bildung geht. Auch wenn Deutschland traditionell etwas bescheidener auftritt, so ist doch zu hoffen, dass es in diesem Fall mit dem Mut eines der letzten OECD-Mitglieder ohne Strategie zur Verbesserung der Finanzbildung eine richtig große Vision entwickelt. Die nationale Strategie zur Verbesserung der finanziellen Bildung braucht eine große, mutige und inspirierende Vision. Wie bei der Mondmission von Kennedy ist eine klare Vision auch bei der Stärkung von Finanzbildung unerlässlich. Es ist wichtig, ein klares Ziel zu haben, das alle Beteiligten verstehen und verfolgen können. Eine Vision, die deutlich macht, dass Finanzbildung uns alle angeht, und die die Köpfe und Herzen der Menschen erreicht.

Finanzielle Bildung ist kein Selbstzweck. Daher sollte die Vision der Initiative „Aufbruch finanzielle Bildung" über den Punkt der finanziellen Bildung hinausgehen. Finanzielle Bildung führt zu besseren Entscheidungen derjenigen, die von ihr profitieren durften. Diese besseren Entscheidungen führen zu einem höheren individuellen Wohlbefinden und wirken sich zusätzlich positiv auf die Wirtschaft und Gesellschaft eines Landes aus. Eine denkbare Formulierung der Vision könnte damit wie folgt lauten:

Wir träumen davon, dass in Deutschland niemand mehr aufgrund von Geldsorgen nicht schlafen kann. Dass niemand aus Unwissenheit in finanzielle Schwierigkeiten gerät. Dass alle Menschen in Deutschland so gut über die Themen Geld und Finanzen informiert sind, dass sie aus ihrer individuellen finanziellen Situation das Bestmögliche machen können - zum Wohle jedes Einzelnen und der gesamten Gesellschaft.

Wenn dieses Ziel erreicht ist und sich die finanzielle Bildung positiv auf die Bevölkerung in Deutschland ausgewirkt hat, ist es auch unerheblich, ob es sich bei der Ankündigung der Initiative, wie manche Kritiker behaupten, um ein politisches (Wahlkampf-)Manöver der beiden FDP-geführten Ministerien handelt oder ehrliches Interesse ist. Auch bei der Mondmission des amerikanischen Präsidenten gab es neben der „Faszination Weltall" natürlich auch eine politische Agenda. Auf den Mond haben es die USA dennoch geschafft. Daher liegt auch unser Fokus hier auf dem ambitionierten Ziel, der Nutzung der vorhandenen Aufbruchsstimmung und der bereits vorhandenen Ressourcen. Auf Spekulationen hinsichtlich möglicher politischer Motivationen möchten wir bewusst verzichten. Ob John F. Kennedy damals mit dem Erfolg seiner angekündigten Mondmission gerechnet hatte, weiß keiner. Fakt ist, dass er die Überzeugungskraft hatte und es für die USA ein Befreiungsschlag aus einer defensiven Position war. Er selbst hat den Erfolg nicht mehr miterlebt. Seine Nachfolger konnten die Früchte seiner ambitionierten Pläne ernten.

Präsident Kennedy nutzte verschiedene Erfolgsfaktoren, um die amerikanische Bevölkerung auf seine Mondmission einzuschwören.[76] Diese lassen sich mit wenigen Anpassungen auch auf die Implementierung einer nationalen Finanzbildungsstrategie übertragen. Einige dieser Erfolgsfaktoren waren:

- **Kommunikation einer klaren Vision**
  - Kennedy war sehr deutlich in seiner Vision, einen Menschen auf den Mond zu bringen. Er nannte ein konkretes Ziel, indem er sagte: „Wir sollten uns dazu verpflichten, noch vor Ende des Jahrzehnts einen Mann auf den Mond zu schicken und ihn sicher wieder zur Erde zurück zu bringen." Dies half allen Beteiligten, sich auf ein Ziel zu konzentrieren und dieses zu unterstützen.

    - Dieser Erfolgsfaktor lässt sich nahezu vollständig auf die Entwicklung der nationalen Finanzbildungsstrategie übertragen. Es liegt in der Verantwortung der Politik, eine Vision aufzustellen, die dazu geeignet ist, nicht nur die relevanten Stakeholder, sondern vor allem die Bevölkerung anzusprechen. Denn nur wenn die Finanzkompetenz der Bevölkerung verbessert und das finanzielle Wohlbefinden positiv beeinflusst wird, kann von einem Erfolg der nationalen Finanzbildungsstrategie gesprochen werden.
- **Patriotismus ansprechen**
    - Kennedy sprach oft über die Bedeutung der Raumfahrt für die nationale Sicherheit und das Ansehen der USA in der Welt. Er betonte, dass es wichtig sei, der Sowjetunion in der Raumfahrttechnologie zuvorzukommen und die Führung in diesem Bereich zu übernehmen.
    - Dieser Erfolgsfaktor muss im Hinblick auf die Initiative „Aufbruch finanzielle Bildung" umgedreht werden. Aufgrund der jahrelangen politischen Untätigkeit, bezogen auf die finanzielle Bildung, liegt Deutschland im internationalen Vergleich deutlich zurück. Die Initiative bietet die Möglichkeit, entscheidende Schritte nach vorn zu gehen und das Finanzbildungsangebot deutlich auszubauen und zu verbessern.
- **Technologie und Fortschritt betonen**
    - Kennedy argumentierte, dass die Raumfahrt neue Technologien und Arbeitsplätze schaffen würde. Er betonte, dass die USA eine führende Rolle in der Welt spielen sollten und die Raumfahrt ein wichtiger Schritt in diese Richtung sei.
    - Wie wir bereits aufgeführt haben, ist für die aktive Teilhabe am Wirtschaftsleben ein hohes Maß an Finanzkompetenz nahezu unerlässlich. Sowohl für das individuelle finanzielle Wohlbefinden, aber auch für die gesamtwirtschaftliche Situation in Deutschland und für die finanzielle Stabilität ist

es daher besonders wichtig, dass weite Teile der Bevölkerung über Finanzkompetenz verfügen. Je mehr Personen in der Lage sind, gute finanzielle Entscheidungen zu treffen und dadurch beispielsweise einer Altersarmut vorzubeugen, desto besser wird sich auch die gesamtwirtschaftliche Situation in Deutschland entwickeln.

- **Öffentlichkeitsarbeit**
  - Kennedy nutzte auch die Medien, um die Botschaft von der Mondmission zu verbreiten. Er hielt viele Reden und gab Interviews, in denen er über das Apollo-Programm sprach und die Bedeutung der Raumfahrt für die USA betonte.
  - Auch dieser Erfolgsfaktor lässt sich leicht auf die Initiative „Aufbruch finanzielle Bildung“ übertragen. Durch verschiedene analoge und digitale Medien können die Menschen erreicht und über die Ziele und Fortschritte der politischen Initiative informiert werden. Insbesondere die sozialen Medien sind dazu geeignet, niedrigschwellig Informationen zu verbreiten und weite Teile der Bevölkerung zu erreichen.

Insgesamt war Kennedy in der Lage, die amerikanische Bevölkerung von seiner Mondmission zu überzeugen, indem er eine klare Vision kommunizierte, den Patriotismus ansprach, die Bedeutung von Technologie und Fortschritt betonte und die Medien nutzte, um die Botschaft zu verbreiten. Seine Strategie war erfolgreich, da sie sowohl die Köpfe als auch die Herzen der Menschen erreichte.

Ein weiterer Erfolgsfaktor war der Mut, den Kennedy aufbrachte und den auch wir brauchen werden, um das Thema „Finanzbildung“ in Deutschland nach vorne zu bringen. Kennedy war mutig genug, eine Selbstverpflichtung einzugehen, obwohl die Mondmission sehr risikoreich war. Als er die Entscheidung traf, das Ziel zu setzen, einen Menschen auf den Mond und wieder zurück zu bringen, war dies ein ehrgeiziges und mutiges Ziel, das zu dieser Zeit als fast unmöglich erschien. Kennedy wusste, dass die Erfüllung dieses Ziels enorme Anstrengungen erfordern würde, insbesondere in Bezug auf technologische Fortschritte und finanzielle Mittel. Die Raketen waren zu dieser Zeit nicht im Entferntesten in der Lage, den Mond zu erreichen. Im Gegenteil, sie mussten zehnfach leistungsstärker sein, um das ambitionierte Ziel zu erreichen.[77] Dennoch war er entschlossen, diese Mission durchzuführen und die USA an die Spitze der Raumfahrttechnologie zu bringen. Kennedy nutzte den Mut und die Entschlossenheit, die mit der Erfüllung dieses ehrgeizigen Ziels verbunden waren, um die amerikanische Öffentlichkeit zu inspirieren und zu motivieren. Er betonte immer wieder, dass die USA nicht nur das Ziel hatten, einen Menschen auf den Mond zu bringen, sondern auch den Mut und die Entschlossenheit dazu aufbringen mussten, dies zu erreichen. Damit ermutigte er die amerikanische Bevölkerung, ebenfalls mutig zu sein und das Unmögliche zu erreichen. Dies half, die Begeisterung und den Enthusiasmus der Öffentlichkeit für die Mission zu steigern, und trug dazu bei, dass die USA letztendlich das Ziel erreichten, einen Menschen auf den Mond zu bringen.

Da wir mit der Initiative „Aufbruch finanzielle Bildung" einer sehr großen Herausforderung entgegensehen, ist es auch hier unerlässlich, dass die deutsche Politik mutig auftritt. Daher sollte ein klarer Anspruch formuliert werden, bis wann die finanzielle Bildung für alle Bevölkerungsgruppen Realität geworden ist. Die Menschen müssen auch hier die Entschlossenheit und eine klare Selbstverpflichtung der Politik spüren, um Begeisterung und Aufbruchstimmung hervorzurufen und einen Befreiungsschlag zu ermöglichen. Eine Variante, um Mut zu beweisen, ist „Moonshot-Thinking". Mit einem Moonshot können konkrete Ziele beschrieben werden, die extrem ambitioniert sind oder die nahezu unmöglich erscheinen. Während ein MTP vielleicht nie erreicht wird, sind Moonshots jedoch tatsächlich erreichbar. Der englische Begriff „Moonshot-Thinking" bedeutet, Ziele, die nur schwer erreichbar sind, mit Risikobereitschaft und Mut verwirklichen zu wollen. Um Hindernisse auf dem Weg zum Ziel zu überwinden, wird eine bestimmte Haltung benötigt. Betrachten wir die Mondmission von Präsident Kennedy, so spielten Risikobereitschaft und Mut eine zentrale Rolle bei seiner Ankündigung.

Moonshots sind die konkreten und trotzdem ambitionierten Ziele im Rahmen einer weltverändernden Vision. Durch die unterschiedliche Ausgangslage ist eine Unterteilung der Bevölkerung in einzelne (Ziel-)Gruppen zur Formulierung von Zielen sinnvoll. Dadurch wird sichergestellt, dass individuelle Besonderheiten der jeweiligen Bevölkerungsgruppe Berücksichtigung finden. So könnte für die Zielgruppe der Schüler*innen beispielsweise ein Moonshot sein, in 10 Jahren eine Punktzahl oberhalb des OECD-Durchschnitts im PISA-Test zu erreichen. Entsprechend könnte für die Zielgruppe der Studierenden die Möglichkeit zur Teilnahme an unabhängigen Finanzbildungsangeboten für alle Studierende beispielsweise durch eine Verankerung in das AStA-Angebot ein möglicher Moonshot sein. Für die Zielgruppe der Arbeitnehmer*innen könnte es ein Moonshot sein, dass 80% der Unternehmen ihren Beschäftigten Zugang zu unabhängigen Finanzbildungsprogrammen ermöglichen.

Um jedoch nachhaltig erfolgreich zu sein, ist es essenziell, neben einer inspirierenden Vision und zielgruppenspezifischen Moonshots eine solide Basis auf Grundlage von Zielen und Meilensteinen zu erarbeiten. Hierdurch wird die Umsetzung operationalisiert und konkrete Arbeitsschritte werden festgelegt.

Teil 2: Konzeption einer beispielhaften Finanzbildungsstrategie für Deutschland

Kapitel 4: Rahmenbedingungen der nationalen Finanzbildungsstrategie

„Strategy without tactics is the slowest route to victory, tactics without strategy is the noise before defeat."

Sun Tzu

Nachdem wir im ersten Teil des Buches beschrieben haben, wie es zu der Ankündigung der Entwicklung einer nationalen Finanzbildungsstrategie gekommen ist und welche Bedeutung dieser wichtige Schritt für Deutschland hat, wollen wir im Folgenden eine entsprechende Strategie beispielhaft konzipieren. Die Konzeption erfolgt auf wissenschaftlich fundierten Ergebnissen verschiedener Studien und zahlreichen Erkenntnissen aus nationalen Strategien anderer Länder zur Verbesserung der finanziellen Bildung. In diesem Kapitel werden zunächst die Rahmenbedingungen für die Entwicklung der Strategie dargestellt.

1 Definition und Bestandteile

Unter einer nationalen Finanzbildungsstrategie verstehen wir im Sinne der Definition der OECD/INFE einen national koordinierten Ansatz zur finanziellen Bildung, der aus einem auf die Bedürfnisse und Voraussetzungen des jeweiligen Landes angepassten Rahmen oder Programm besteht. In dem entsprechenden Programm werden zum einen die Bedeutung der finanziellen Bildung anerkannt und die Relevanz und der Umfang auf die nationalen Bedürfnisse und Wissens- oder Kompetenzlücken angepasst. Zum anderen umfasst das Programm die Zusammenarbeit verschiedener Gremien und Interessengruppen unter der Leitung eines übergeordneten Rats oder Staatsmitglieds. Im Rahmen des Programms sind Ziele mit Zeitvorgaben sowie

Ansätze oder Ideen zur Umsetzung und Zielerreichung aufzuführen. Außerdem müssen Leitlinien entwickelt werden, die von allen Akteuren anzuwenden sind, um effektiv und effizient zur nationalen Strategie beitragen zu können.[78] Daraus ergeben sich die einzelnen Bestandteile der nationalen Strategie.

Bevor die Strategie aufgestellt werden kann, muss eine Diagnose durchgeführt werden, um die spezifischen Handlungsfelder identifizieren zu können. Die Ergebnisse sollten die Grundlage der nationalen Strategie bilden. Um tatsächlich eine Strategie aufstellen zu können, werden wir zunächst die Begriffe „Finanzkompetenz" und „Finanzbildung" voneinander abgrenzen und definieren, um ein einheitliches Verständnis herbeizuführen. Hierauf aufbauend werden wir einzelne Zielgruppen definieren, die im Rahmen der Strategie gesondert Berücksichtigung finden. Wenn die entsprechenden Zielgruppen und ihre Bedürfnisse ermittelt wurden, kann hierauf aufbauend ein Zielsystem entwickelt werden, das neben einem Leitbild und strategischen Zielen auch operative Ziele beinhaltet. Um diese zu erreichen, müssen Maßnahmen entwickelt werden, die mit Hilfe verschiedener Stakeholder durchgeführt bzw. umgesetzt werden sollten. Insofern ist auch eine Analyse der Stakeholder notwendig, um diese effizient an der Entwicklung und Umsetzung der Strategie zu beteiligen. Hierbei ist es besonders wichtig, Interessenkonflikte zu vermeiden. Dazu nehmen wir Leitlinien für die Beteiligung von Stakeholdern, insbesondere aus dem privaten Sektor, in die Strategie mit auf. Um das Erreichen der Ziele und die Wirksamkeit von Maßnahmen überprüfen zu können, ist es erforderlich, Indikatoren zur Messung und Evaluierungsmöglichkeiten festzulegen. Daher wollen wir bereits im Rahmen der Strategieentwicklung Anpassungsvorschläge und Interventionsmöglichkeiten festhalten. Zuletzt stellen wir Vorgaben für Maßnahmen und Programme auf, die der Qualitätssicherung dienen sollen. Die zielgruppenspezifischen Anforderungen sind dabei zu berücksichtigen. Die nationale Strategie für

Finanzbildung in Deutschland setzt sich somit aus folgenden Bestandteilen zusammen:

1. Definition
2. Governance-Struktur
3. Leitbild
4. Strategische Elemente
5. Zielgruppen
6. Zielsystem
7. Strategiekarte
8. Leitlinien für Stakeholder
9. Vorgaben zur Qualitätssicherung
10. Evaluierungskonzept

2 Voraussetzungen

Um eine nationale Finanzbildungsstrategie erfolgreich entwickeln und umsetzen zu können, müssen verschiedene Voraussetzungen erfüllt werden.

2.1 Politische Legitimation

Wichtig ist, dass eine politische Legitimation als Handlungsgrundlage vorliegt. Dazu sollte die Unterstützung der höchsten politischen Ebene gegeben sein.[79] Darunter fällt insbesondere die Aufnahme in ein Regierungsprogramm. Im Koalitionsvertrag der derzeit regierenden Ampel-Koalition aus SPD, Bündnis 90/DIE GRÜNEN und FDP finden die Themen „Finanzbildung" und „Finanzkompetenz" sowie „ökonomische Bildung" jedoch keine Berücksichtigung.[80] Insofern muss die Unterstützung der höchsten politischen Ebene auf andere Weise signalisiert und zugesichert werden. Die Ankündigung des Bundesfinanzministeriums und des Bundesbildungsministeriums unter dem Titel „Aufbruch finanzielle Bildung" ist somit ein wesentlicher Meilenstein und ein wichtiger Schritt für die tatsächliche Entwicklung und Umsetzung einer entsprechenden Strategie. Erst hierdurch wird eine gemeinsame Arbeit verschiedener Stakeholder ermöglicht. Dazu gehören neben den beiden aufgeführten Ministerien auch das Bundesministerium für Wirtschaft und Klimaschutz sowie das Bundesministerium für Umwelt, Naturschutz, nukleare Sicherheit und Verbraucherschutz sowie das Bundesministerium für Arbeit und Soziales. Auch das Bundesministerium für Familie, Senioren, Frauen und Jugend sollte an der Entwicklung und Umsetzung der Strategie beteiligt werden, um den Zugang zu vulnerablen Zielgruppen zu erleichtern.

Dabei ist es wichtig, dass die Federführung für die Entwicklung und Überwachung der Strategie klar geregelt ist. Die zentrale Führungsstelle oder -behörde sollte keine eigenen Interessen verfolgen, sondern die Ziele der Strategie unterstützen und fördern. Darüber hinaus sollte sie Fachkenntnisse im Bereich der Finanzbildung aufweisen und über ein spezielles Mandat zur Umsetzung und Durchführung von Finanzbildungsmaßnahmen verfügen.[81] Dass mit dem Bundesfinanzministerium und dem Bundesbildungsministerium gleich zwei Bundesministerien angekündigt haben, das Thema „finanzielle Bildung" durch verschiedene Ansätze zu fördern und gemeinsam eine nationale Finanzbildungsstrategie zu entwickeln, ist ein gutes Zeichen. Die Anforderungen der OECD werden dadurch erfüllt. Ein weiterer Vorteil liegt darin, dass eine Abstimmung mit den anderen beteiligten Ministerien einfacher herbeizuführen ist, wenn die Führung einem Ministerium bzw. einem Zusammenschluss aus zwei Ministerien obliegt. Gleichwohl sollten neben den politischen Akteuren auch weitere Stakeholder in den Entwicklungsprozess der nationalen Strategie eingebunden werden. Darauf wird im Rahmen der weiteren Ausführungen näher eingegangen.

2.2 Berichterstattung

Bereits vor der Entwicklung der Strategie muss zudem festgelegt werden, wie die Berichterstattung an die Öffentlichkeit erfolgen soll. Durch eine angemessene Kommunikation kann zum einen das Bewusstsein für die Relevanz von Finanzen und Finanzbildung verstärkt werden, und zum anderen steigt die Bekanntheit der Strategie in der Bevölkerung, sodass interessierte Stakeholder und potenzielle Teilnehmende von Finanzbildungsmaßnahmen über die Strategie informiert werden. Im Entwicklungsprozess der Strategie sollten die Ergebnisse der Vorbereitungsphase und der offizielle Starttermin bekanntgegeben werden. Anschließend sollte regelmäßig über die Fortschritte der Umsetzung der Strategie informiert werden.[82] Ein entsprechendes Kommunikationskonzept sollte im Rahmen der Strategieentwicklung oder -implementierung festgelegt werden. Für die Berichterstattung an die Bevölkerung eignet sich der Einsatz verschiedener analoger und digitaler Medien. Neben Veröffentlichungen von Informationen in Zeitungen und Fachzeitschriften sowie der Verteilung von Flyern und Broschüren sind hierzu besonders soziale Medien und Netzwerke, wie beispielsweise Instagram, TikTok oder LinkedIn, geeignet. Durch die Netzwerkstrukturen und Weiterverbreitungsmechanismen können die Reichweite und Wirkung verbreiteter Informationen vergrößert und optimiert werden. Darüber hinaus ermöglichen soziale Netzwerke die Erhebung verschiedenster Kennzahlen.[83] Dadurch kann eine Evaluierung der Berichterstattung erfolgen. Neben Informationen über die Strategie sollten auch spezifische Inhalte zu Beteiligungsmöglichkeiten für Stakeholder frühzeitig kommuniziert werden, um möglichst viele geeignete Interessengruppen zu erreichen und zur Mitwirkung anzuregen.

2.3 Konkurrierende Strategien

Eine weitere wichtige Voraussetzung ist, dass die nationale Finanzbildungsstrategie anderen nationalen Strategien, wie beispielsweise einer Strategie zur finanziellen Inklusion oder zum Verbraucherschutz, nicht entgegensteht.[84] Obwohl die Bundesregierung verschiedene Projekte zum Thema „Verbraucherschutz" durchführt, diesen im Koalitionsvertrag verankert und die „Verbraucherrechte an vielen Stellen gestärkt"[85] hat, gibt es derzeit keine entsprechende bundesweite Strategie.[86] Einzelne Bundesländer hingegen haben verbraucherpolitische Strategien, die das Handeln der jeweiligen Landesregierungen beeinflussen.[87] Da diese jedoch spezifisch auf die einzelnen Bundesländer ausgerichtet sind und keine konkreten Vorgaben im Hinblick auf Finanzbildungsmaßnahmen enthalten, müssen keine besonderen Regelungen für eine nationale Finanzbildungsstrategie getroffen werden. Darüber hinaus bestehen in Deutschland zum aktuellen Zeitpunkt keine nationalen Strategien, durch die es zu Zielkonflikten kommen könnte und auf die im Rahmen der Implementierung einer nationalen Strategie zur Finanzbildung besondere Rücksicht genommen werden müsste.

2.4 Diagnose

Des Weiteren ist eine ausführliche Diagnose eine wichtige Voraussetzung für die Entwicklung einer nationalen Strategie. Wie bereits erwähnt, dient die Diagnose als Grundlage, um Wissenslücken und Handlungsfelder identifizieren und die Strategie spezifisch für das eigene Land aufstellen zu können.[88] Im Rahmen der Diagnose sollten verschiedene Erhebungen durchgeführt werden. Zunächst wird das aktuelle Niveau der Finanzkompetenz der Bevölkerung erhoben. Dabei sollte eine Unterscheidung nach verschiedenen sozio-demografischen Merkmalen vorgenommen werden, um Unterschiede zwischen verschiedenen Bevölkerungsgruppen feststellen zu können. Auch qualitative und quantitative Informationen über die Finanzen der Bevölkerung sollten erhoben werden.[89] Ein hohes Maß an Finanzkompetenz zeichnet sich nicht nur durch Verständnis und Wissen über Finanzthemen aus, sondern insbesondere durch die Fertigkeit, die Motivation und das Selbstbewusstsein, dieses einzusetzen, um selbstbestimmt Finanzentscheidungen zu treffen. Ein entsprechend positives Money-Mindset ist erforderlich, um das eigene finanzielle Wohlbefinden zu verbessern. Informationen über das Vermögen, über die Spar- und Verschuldungsquoten oder die Anlagepräferenzen ermöglichen eine Beurteilung, inwiefern das Finanzwissen auch tatsächlich ein- bzw. umgesetzt wird und die Finanzentscheidungen der Bürgerinnen und Bürger beeinflusst. Darüber hinaus muss ein Überblick über bereits bestehende Initiativen, aktuelle Forschungsergebnisse und Literatur sowie positive wirksame und negative ineffiziente Maßnahmen gewonnen werden. Aus den gesammelten Informationen und der dadurch entstandenen realitätsnahen Beschreibung der Ausgangslage können somit Wissenslücken, Schwachstellen und Bedürfnisse der Bevölkerung und dadurch Handlungsbedarfe abgeleitet werden.

Zudem empfiehlt es sich, im Rahmen der Diagnose Präferenzen und Prioritäten verschiedener Akteure abzufragen. Zum einen sollten die Stakeholder, die in den Entwicklungs- und Umsetzungsprozess der Strategie eingebunden werden sollen, befragt werden. Zum anderen sollte auch die Bevölkerung als globale Zielgruppe eingebunden werden. Dabei sollten sowohl Informationen über wichtige Inhalte und Themen als auch über präferierte Methoden und Maßnahmen gesammelt werden.[90] Neben persönlichen, telefonischen oder online durchgeführten Befragungen sind Workshops und Konsultationen besonders gut dazu geeignet. Das Bundesfinanzministerium und das Bundesbildungsministerium haben dazu gemeinsam mit der OECD im Rahmen der Initiative „Aufbruch finanzielle Bildung" einen Fragebogen für Stakeholder entwickelt. In diesem können Interessengruppen ihre bisherigen Finanzbildungsprojekte und -initiativen vorstellen sowie ihre Erwartungen an die Strategie und die geplante Finanzbildungsplattform formulieren. Im Rahmen des Stakeholder-Workshops am 20.10.2023 wurden erste Ergebnisse der Befragung vorgestellt. In den Workshopgruppen wurden weitere Präferenzen der Stakeholder abgefragt und diskutiert. Darüber hinaus soll am 05. und 06. Dezember eine weitere Konferenz der beiden Ministerien unter dem Titel „Finanzielle Bildung für das Leben" durchgeführt werden, zu der zahlreiche Stakeholder eingeladen sind.

Für die Konzeption einer beispielhaften Finanzbildungsstrategie werden zunächst die Ergebnisse verschiedener Studien herangezogen, die im ersten Teil des Buches bereits näher ausgeführt wurden. Diese zeigen, dass der Stand der Finanzkompetenz in Deutschland insgesamt gering ist und dringender Handlungsbedarf besteht. Besonders Frauen, Personen mit geringem Einkommen und geringem Bildungsstand sowie Menschen mit Migrationshintergrund weisen vergleichsweise schlechte Ergebnisse auf. Obwohl es bereits einige Maßnahmen zur Finanzbildung in Deutschland gibt, richten diese sich häufig nicht speziell an vulnerable Zielgruppen, sodass diese im Rahmen der nationalen Finanzbildungsstrategie besonders zu berücksichtigen sind.

3 Stakeholder

Neben den aufgeführten Bundesministerien ist die Mitarbeit verschiedenster Stakeholder erforderlich, um eine nationale Strategie zur Finanzbildung in Deutschland entwickeln und umsetzen zu können.

3.1 Auswahl der Stakeholder

Darunter fallen verschiedene Arten von Stakeholdern. Zum einen sollten öffentliche Institutionen eingebunden werden.[91] Dazu zählen unter anderem die Deutsche Bundesbank und die Bundesanstalt für Finanzdienstleistungsaufsicht (BaFin). Beide Institutionen verfolgen bereits Maßnahmen, um die finanzielle bzw. ökonomische Bildung in Deutschland zu verbessern. Die Deutsche Bundesbank hat ein breites Angebot an Bildungsmaßnahmen und Lehrmaterialien, um „grundlegende Kenntnisse aus den Bereichen Geld, Währung und Zentralbank als Teil der wirtschaftlichen Allgemeinbildung“[92] zu vermitteln. Die Bundesanstalt für Finanzdienstleistungsaufsicht vermittelt durch die Rubrik „Finanzwissen auf einen Blick“ einen „ersten Überblick über wichtige Finanzprodukte“[93]. Beide Institutionen waren darüber hinaus auf dem Podium der Initiative „Aufbruch finanzielle Bildung“ vertreten, sodass davon auszugehen ist, dass sich beide Institutionen bei der Entwicklung und Umsetzung einer nationalen Finanzbildungsstrategie auch weiterhin beteiligen. Neben den öffentlichen Behörden sollten auch private und gemeinnützige Akteure als Stakeholder beteiligt werden. Diese lassen sich gemäß der OECD/INFE-Richtlinien für private und gemeinnützige Stakeholder in der Finanzbildung in verschiedene Kategorien einteilen.[94] Die Tabelle 1 zeigt die fünf Kategorien und entsprechende Beispiele.

Tabelle 1: Private und gemeinnützige Stakeholder[95]

KATEGORIE	BEISPIELE
Gewinnorientierte Institutionen, die Finanzdienstleistungen anbieten	• Banken • Finanzinstitute • Kreditinstitute • Finanzexperten und -expertinnen • Finanzanbieter
Gemeinnützige Einrichtungen, die Finanzbildung als Geschäftstätigkeit anbieten	• private Dienstleister, die mit der Durchführung von Finanzdienstleistungen beauftragt werden • Beratungsunternehmen
Nichtfinanzielle, gewinnorientierte Einrichtungen	• Unternehmen, die Finanzbildung am Arbeitsplatz anbieten • Telekommunikationsunternehmen, die Mobile Banking unterstützen
Gemeinnützige Organisationen mit Bezug zur Finanzbranche, aber ohne Interesse an finanzieller Bildung	• Bankenverbände • Versicherungsdienstleister • Pensions- und Rentenkassen • Stiftungen von Finanzinstituten
Gemeinnützige Organisationen ohne direkten Bezug zur Finanzbranche und mit Interesse an finanzieller Bildung	• Verbraucherverbände • Arbeitgeberverbände • Gewerkschaften • Forschungseinrichtungen • (Lehrer-)Vereinigungen

Für eine bundesweite Strategie in Deutschland kommen damit viele verschiedene Akteure in Betracht. Zum einen sind neben Banken und weiteren Kredit- und Finanzinstituten auch Institutionen wie die Schufa oder die Gruppe Deutsche Börse zu beteiligen. Beide bieten bereits ein breites Angebot an Finanzbildungsmaßnahmen und Unterrichtsmaterialien an.[96] Delegierte beider Institutionen waren auch beim Stakeholder-Workshop in Berlin vertreten. Daneben eignen sich verschiedene (Bundes-)Verbände, Stiftungen, Gesellschaften und Bündnisse als Stakeholder. Darunter fallen in Deutschland beispielsweise der Bundesverband Deutscher Banken, der Bundesverband der

Verbraucherzentralen sowie Lehrer- und Elternverbände. Auch Schulen und Hochschulen sowie Studierenden- und Schüler-Vertretungen, Wohlfahrtsverbände, Schuldner- und Insolvenzberatungen, Armutsforscher sowie Wirtschaftspädagogen können sich als Stakeholder an dem Prozess beteiligen. Das Bündnis Ökonomische Bildung ist ein Zusammenschluss zahlreicher Akteure, die sich für die Verankerung von ökonomischer Bildung in weiterführenden Schulen und die Entwicklung einer nationalen Strategie für ökonomische Bildung einsetzen.[97] Sowohl viele der einzelnen Mitglieder als auch das Bündnis selbst sind wichtige Stakeholder für die Entwicklung und Umsetzung einer nationalen Finanzbildungsstrategie, von denen viele ebenfalls beim Stakeholder-Workshop vertreten waren. Auch Netzwerke wie das Präventionsnetzwerk Finanzkompetenz sind als Stakeholder geeignet. Das Präventionsnetzwerk Finanzkompetenz „setzt sich für die Stärkung der Finanzkompetenz in allen gesellschaftlichen Gruppen"[98] ein. Auch hier ist aufgrund der Teilnahme mehrerer Delegierter am Stakeholder-Workshop eine aktive und qualitativ hochwertige Mitarbeit an der Entwicklung und Umsetzung einer nationalen Finanzbildungsstrategie wahrscheinlich. Daneben sollten auch Akteure in den Entwicklungs- und Umsetzungsprozess eingebunden werden, die einen institutionellen Zugang zu Erwachsenen ermöglichen, dazu zählen beispielsweise Volkshochschulen oder das Deutsche Institut für Erwachsenenbildung (DIE).

Die Aufzählung der Stakeholder ist nicht abschließend und dient lediglich als Beispiel und Anregung. Das breite Feld an teilnehmenden Personen des Stakeholder-Workshops hat gezeigt, dass zahlreiche verschiedene Akteure bereit sind, sich an der Entwicklung der Strategie zu beteiligen.

In den Eckpunkten zur finanziellen Bildung des Bundesfinanzministeriums und des Bundesbildungsministeriums wird bereits aufgeführt, dass die Entwicklung der Strategie „zusammen mit der OECD und unter Einbeziehung aller relevanten Stakeholder"[99] erfolgen soll. Sowohl der Workshop als auch die geplante Konferenz zeigen, dass die beiden Ministerien den Forderungen der OECD/INFE nachkommen und verschiedenste Interessengruppen an der Implementierung der Strategie mitwirken können.

3.2 Einbindung der Stakeholder

Die verschiedenen Stakeholder können auf unterschiedliche Weise in den Prozess der Entwicklung und Umsetzung der nationalen Strategie eingebunden werden. Eine wichtige Aufgabe ist die Beteiligung bei der Vorbereitung und Entwicklung der Strategie. Dabei können sich die Stakeholder, insbesondere im Rahmen der Diagnose, einbringen und an verschiedenen Workshops oder Befragungen teilnehmen. Der Stakeholder-Workshop und die geplante Konferenz bieten hierfür gute Möglichkeiten. Auch bei der Entwicklung und Gestaltung der Strategie sollten möglichst viele verschiedene Akteure beteiligt werden.[100] Dies hat den Vorteil, dass die Stakeholder eigene Ideen einbringen und sich dadurch mit der Strategie identifizieren können. Dadurch wird der Implementierungs- und Umsetzungsprozess vereinfacht. Weitere Beteiligungsmöglichkeiten ergeben sich im Rahmen der Umsetzung der Strategie. Die Stakeholder können eigene Maßnahmen unter dem vorgegebenen Rahmen und in Zusammenarbeit mit den leitenden Akteuren durchführen oder begleiten. Hierzu eignen sich insbesondere Zertifizierungen oder öffentlich-private Partnerschaften, um Maßnahmen entsprechend auszuweisen und der Strategie zuzuordnen.

Darüber hinaus können die Stakeholder die Durchführung von Maßnahmen durch finanzielle Mittel oder Sachleistungen unterstützen. Auch durch die Erstellung von (Lehr-)Materialien sowie die Organisation von Konferenzen, Workshops oder sonstigen Veranstaltungen zur Aus- und Weiterbildung können sich Stakeholder einbringen. Der Rahmen der nationalen Strategie ermöglicht es, die Angebote verschiedener Stakeholder zu kombinieren. So können Weiterbildungsmaßnahmen für Lehrkräfte oder Ausbildende durchgeführt werden, die dann Finanzbildungsmaßnahmen in Schulen, Berufskollegs oder Hochschulen anbieten. Zuletzt ist auch die Überwachung und Bewertung von Bildungsmaßnahmen eine wichtige Aufgabe, die mit Hilfe ausgewählter Stakeholder durchgeführt werden kann.[101]

Die im Eckpunktepapier beschriebene „zentrale Finanzbildungsplattform"[102] bietet eine gute Möglichkeit, die Arbeit verschiedener Stakeholder zu kombinieren und den Austausch zwischen verschiedenen Interessengruppen zu erleichtern.

Die Beteiligung einer großen Anzahl von Stakeholdern bietet verschiedene Vor- und Nachteile. Auf der einen Seite kann durch viele Akteure zusätzlicher Input gewonnen und es können neue Ideen entwickelt sowie umgesetzt werden. Viele Stakeholder haben einen besseren Zugang zu den Zielgruppen, sodass sie deren Bedürfnisse genauer kennen und gleichzeitig Maßnahmen zielgruppenspezifischer anbieten können. Ein weiterer Vorteil liegt in der Bereitstellung von Ressourcen. Dazu zählen insbesondere personelle und finanzielle Ressourcen, aber auch (Fach-)Wissen und (Arbeits-)Zeit. Außerdem kann durch Stakeholder eine größere Reichweite erzielt werden. So können einzelne Akteure als Multiplikatoren wirken und die Nachfrage an Finanzbildungsmaßnahmen erhöhen. Beispielsweise können Arbeitgeber, die nicht im Finanzbereich tätig sind, Finanzbildungsmaßnahmen für ihre Mitarbeitenden anbieten.[103] Auf der anderen Seite wird durch eine höhere Anzahl von Beteiligten der Koordinierungsaufwand erhöht. Ein höheres Maß an Kommunikation und Abstimmung wird erforderlich, um Dopplungen zu vermeiden und ein effizientes Arbeiten zu ermöglichen. Außerdem besteht die Gefahr, dass Interessenkonflikte entstehen oder langfristige Ziele in den Hintergrund rücken.[104]

Aus diesem Grund sind verschiedene Maßnahmen zu treffen, um die Vorteile zu nutzen und die Nachteile möglichst zu reduzieren oder ganz zu vermeiden. Zunächst sollte die Auswahl von Stakeholdern auf Grundlage von Schlüsselkriterien erfolgen, die im Vorfeld festzulegen sind. Anschließend sollten Gremien eingerichtet werden, die unterschiedliche Kompetenzen aufweisen. Dabei ist es von besonderer Relevanz, dass alle beteiligten Akteure über die Rollenverteilung und die Verantwortlichkeiten informiert sind und diese in ihrer täglichen Arbeit beachten. Zusätzlich bietet es sich an, Leitlinien für die Stakeholder festzulegen. Dabei sollte auch eine klare Abgrenzung von Finanzbildung und Finanzvertrieb vorgenommen werden, um Interessenkonflikten vorzubeugen. Eine weitere wichtige Maßnahme ist die Kontrolle der Einhaltung der Leitlinien. So können Verstöße frühzeitig festgestellt und Gegensteuerungsmaßnahmen ergriffen werden. Die verschiedenen Gremien sowie die Schlüsselkriterien und Leitlinien werden im Kapitel 5 näher ausgeführt.

4 Herausforderungen

Bei der Erstellung und Implementierung der nationalen Finanzbildungsstrategie können sich verschiedene Herausforderungen ergeben.

Eine mögliche Herausforderung ergibt sich durch den Bildungsföderalismus. Durch die Föderalismusreform „gilt Bildung im Allgemeinen als ‚Ländersache', mehr noch: als einer der wichtigsten Kompetenzbereiche der Länder"[105]. Daraus ergibt sich, dass bildungsstrukturelle und bildungsinhaltliche Vorgaben den Ländern obliegen[106], was wiederum die flächendeckende Einführung eines Schulfaches „Finanzbildung" erschwert. Im Rahmen der nationalen Finanzbildungsstrategie soll daher zunächst die fächerübergreifende Vermittlung von Kompetenzen im Bereich Geld und Finanzen gefordert und gefördert werden. Gleichwohl ist die Einführung eines eigenen Schulfaches sinnvoll.

Eine weitere Herausforderung liegt in den Kosten für die Entwicklung, Umsetzung und Überprüfung der Strategie. Ein wesentlicher Faktor sind Personalkosten, Kosten für die federführende Stelle sowie für die Entwicklung und Durchführung von Finanzbildungsmaßnahmen. Durch die Beteiligung von Stakeholdern können Ressourcen geteilt und somit diese Kosten gesenkt werden. Trotzdem muss die Finanzierung gesichert sein. Die Finanzierung der nationalen Strategie obliegt dem Bund und müsste daher im Bundeshaushalt Berücksichtigung finden. Am 10.11.2022 hat das Bundesministerium für Bildung und Forschung bekannt gegeben, dass im Jahr 2023 insgesamt 2 Millionen Euro für die Entwicklung einer nationalen Strategie zur Förderung der ökonomischen Bildung zur Verfügung gestellt werden.[107] Da im Rahmen der Veranstaltung „Aufbruch finanzielle Bildung" im März 2023 deutlich gemacht wurde, dass zunächst eine nationale Strategie zur Finanzbildung aufgestellt werden soll und die nationale Strategie zur Förderung der ökonomischen Bildung vorerst nicht weiterverfolgt werden soll, ist davon auszugehen, dass die Mittel im Bundeshaushalt entsprechend zur Verfügung gestellt werden.

Darüber hinaus könnte sich durch die mangelnde Erreichbarkeit einiger Bevölkerungsgruppen eine Herausforderung für die Entwicklung und Umsetzung der Strategie ergeben. Insbesondere im Rahmen der Diagnose und bei Befragungen zur Evaluierung ist die Beteiligung zahlreicher Personen aus unterschiedlichen Bevölkerungsgruppen notwendig, um repräsentative Ergebnisse zu erhalten. Außerdem sollten möglichst viele Personen, insbesondere aus vulnerablen Gruppen, an den Finanzbildungsmaßnahmen teilnehmen, damit die Strategie die gewünschte Wirkung erzielen kann. Um dies zu erreichen, ist die Einbeziehung verschiedener Institutionen und Akteure über die Stakeholder hinaus notwendig. Durch den Einsatz von Multiplikatoren und öffentlichen Einrichtungen, wie Schulen und Hochschulen, und durch Peer-to-Peer-Ansätze können weite Teile der Bevölkerung erreicht werden. Insgesamt sollte vor allem darauf geachtet werden, keine Bevölkerungsgruppen explizit auszuschließen und die Hürden zur Teilnahme möglichst gering zu halten.

Kapitel 5: Konzeption der nationalen Finanzbildungsstrategie

„A goal without a plan is just a wish."

Antoine de Saint-Exupéry

Im Folgenden werden die einzelnen Bestandteile der nationalen Strategie zur Finanzbildung auf Grundlage der Analyse internationaler Strategien und Expertenmeinungen sowie der Vorgaben und Empfehlungen der OECD konzipiert. Eine grafische Übersicht über die einzelnen Bestandteile der Strategie ist am Ende des Buches zu finden und steht zusätzlich digital zur Verfügung. Die Konzeption der Strategie soll als Diskussionsgrundlage dienen und bestenfalls zur Orientierung im Rahmen der tatsächlichen Ausarbeitung einer entsprechenden Finanzbildungsstrategie für Deutschland herangezogen werden.

1 Definition

Zentraler Bestandteil der nationalen Finanzbildungsstrategie in Deutschland sind die Definitionen für Finanzbildung und Finanzkompetenz. Diese sollen einheitlich von allen Beteiligten anerkannt und für alle Maßnahmen und Programme angewandt werden. Hierzu wird die im ersten Teil aufgestellte Definition herangezogen.

Finanzbildung ist ein Prozess zur Entwicklung und Verbesserung der Finanzkompetenz einer Person durch die intrinsische persönliche Entwicklung und die Vermittlung von Wissen und Informationen von außen. Unter Finanzkompetenz werden hierbei Finanzwissen und -verständnis sowie Fähigkeiten, Fertigkeiten, Selbstbewusstsein und Motivation, dieses einzusetzen, verstanden. Diese Faktoren sowie die persönliche Einstellung, Haltung und persönlichen Werte im finanziellen Kontext sind wichtige Voraussetzungen, um Finanzentscheidungen informiert und bewusst zu treffen.

Aus der Definition lässt sich die Struktur für die Kompetenzrahmen ableiten, die im Rahmen der Strategieentwicklung und -umsetzung aufgestellt werden, um spezifische Maßnahmen zur Finanzbildung entwickeln oder bestehende Maßnahmen zuordnen zu können. Der Kompetenzrahmen gliedert sich zum einen in die drei Kategorien „Wissen und Verständnis", „Fähigkeiten und Fertigkeiten" sowie „Selbstbewusstsein, Motivation und Money-Mindset", die sich aus der Definition entnehmen lassen. Der Begriff „Money-Mindset" beschreibt dabei die persönliche Einstellung, Haltung und die persönlichen Werte im finanziellen Kontext. Zum anderen können die vier inhaltlichen Schwerpunkte von Finanzkompetenz „Umgang mit Geld", Lebensrisiken und Versicherungen", „Schulden und Kredite" sowie „Vermögensbildung und Altersvorsorge" unterschieden werden. Daraus ergibt sich eine Matrix, die zielgruppenspezifisch gefüllt werden kann. In Anlehnung an die OECD/INFE-Publikationen wird je ein Kompetenzrahmen für Kinder und Jugendliche sowie für Erwachsene aufgestellt.[108] Darauf wird im weiteren Verlauf des Kapitels näher eingegangen. Die Tabelle 2 zeigt den Aufbau der Kompetenzrahmen. Hierbei ist zu beachten, dass es sich bei den Kompetenzrahmen nicht um abgeschlossene Werke handelt, sondern dass diese fortlaufend angepasst und erweitert werden können und sollen.

Tabelle 2: Aufbau Kompetenzrahmen

Inhaltlicher Schwerpunkt	Wissen und Verständnis	Fähigkeiten und Fertigkeiten	Selbstbewusstsein, Motivation, Money-Mindset
Umgang mit Geld			
Lebensrisiken und Versicherungen			
Schulden und Kredite			
Vermögensbildung und Altersvorsorge			

2 Governance-Struktur

Wie bereits im vorherigen Kapitel aufgeführt, ist die Beteiligung verschiedener Stakeholder notwendig, um die nationale Finanzbildungsstrategie in Deutschland erfolgreich entwickeln, umsetzen und überwachen zu können. Um eine effiziente Aufgabenerledigung zu ermöglichen, empfiehlt die OECD die Einführung von Mechanismen zur Konsultation, Koordination und zum Informationsaustausch zwischen den verschiedenen Beteiligten und Interessengruppen der Entwicklung und Umsetzung der Strategie. Darüber hinaus sollen Gremien eingerichtet werden, deren Verantwortlichkeiten und Zuständigkeiten fest definiert sind. Dabei soll nach Vorgaben der OECD eine unabhängige Führungsbehörde oder ein Lenkungsmechanismus festgelegt werden, der auf höchster politischer Ebene anerkannt und gefördert wird und der für die Entwicklung, Umsetzung und Überwachung der nationalen Strategie verantwortlich ist.[109]

2.1 Internationale Governance-Strukturen

Auch wenn sich die einzelnen Gremien verschiedener internationaler Finanzbildungsstrategien voneinander unterscheiden, lassen sich Gemeinsamkeiten feststellen. Ungeachtet der jeweiligen Bezeichnung wurde für die Strategien von Österreich, Malaysia, der Niederlande, Südafrika, Brasilien und Kanada mindestens zwischen einem Lenkungsgremium und einem Umsetzungsgremium unterschieden. Letzteres wird in allen aufgeführten Strategien in verschiedene Arbeitsgruppen unterteilt, die unterschiedliche Schwerpunkte im Rahmen der Entwicklung und Umsetzung der Strategie bearbeiten.[110] Da die politischen und gesellschaftlichen Strukturen von Österreich, den Niederlanden und Kanada am ehesten mit den deutschen vergleichbar sind, werden die Strategien dieser drei Länder zur Festlegung von Gremien sowie den jeweiligen Zuständigkeiten und Verantwortlichkeiten für die nationale Finanzbildungsstrategie in Deutschland herangezogen. Die Tabelle 3 zeigt die jeweiligen Gremien der drei Strategien.

Tabelle 3: Gremien nationaler Strategien anderer Länder[111]

Österreich	Niederlande	Kanada
Finanzbildungsrat	Ehrenvorsitz	Führung
Steuerungsausschuss	Lenkungsgruppe	Lenkungskomitee
Unterarbeitsgruppen	Programmrat	Stakeholder
Wissenschaftliche Arbeitsgruppe	Programmbüro	Einwohner/Bürger
Finanzbildungscommunity	Expertengruppen	

Der Ehrenvorsitz der niederländischen Finanzbildungsstrategie obliegt Königin Máxima, die besondere Aufmerksamkeit auf das Thema „Finanzbildung" lenkt und selbst als Fachberaterin in die Gestaltung und Umsetzung der Strategie eingebunden ist.[112] Eine vergleichbare Position wird für die deutsche Finanzbildungsstrategie nicht vorgesehen.

Die Gremien Finanzbildungsrat (Österreich), Lenkungsgruppe (Niederlande) und Führung (Kanada) sind jeweils für die Leitung der Erstellung und Umsetzung der gesamten Strategie verantwortlich und bilden das „oberste Entscheidungsorgan"[113]. Das jeweilige Gremium ist verantwortlich für die Festlegung des Aktionsplans und nimmt eine Leitungsfunktion für die Umsetzung und entsprechende Berichterstattung ein. Die Entwicklung und Umsetzung der Strategie findet gleichwohl in Zusammenarbeit mit verschiedenen Stakeholdern und Interessengruppen statt, die in den weiteren Gremien strukturiert werden.[114] Damit entsprechen die Gremien der geforderten Institution der OECD. Für die deutsche Strategie soll ein vergleichbares Gremium mit entsprechender Leitungsfunktion und ähnlichen Aufgaben eingerichtet werden.

Der Steuerungsausschuss und die zugehörigen Unterarbeitsgruppen der österreichischen Strategie sind für die „Vertretung der österreichischen Bürgerinnen und Bürger, Verbraucherinnen und Verbraucher, des Privatsektors und der wissenschaftlichen Gemeinschaft"[115] sowie für die Unterstützung in der Entwicklung und Umsetzung der Strategie durch Einsatz des Fachwissens und der Erfahrung ihrer Mitglieder verantwortlich. Der Steuerungsausschuss besteht hauptsächlich aus öffentlichen Behörden bzw. Einrichtungen, zivilgesellschaftlichen Interessenvertretungen und bedeutenden privatwirtschaftlichen Verbänden.[116] Dieses Gremium entspricht in weiten Teilen dem Lenkungskomitee der kanadischen Strategie. Dieses setzt sich aus repräsentativen Delegierten unterschiedlicher Bereiche zusammen, die Expertise in Finanzbildung und -kompetenz aufweisen. Sie unterstützen die Führung bei der Umsetzung der Strategie und Entwicklung von Maßnahmen und Aktivitäten zur Finanzbildung in ihren Netzwerken. Darüber hinaus haben sie die Aufgabe, neue Partnerschaften mit privaten und gemeinnützigen Organisationen einzugehen, um die Reichweite der Finanzbildungsmaßnahmen zu steigern.[117]

Der Programmrat und das Programmbüro der niederländischen Strategie übernehmen ähnliche Aufgaben, sind jedoch im Vergleich zu den beiden zuvor dargestellten Gremien strategischer ausgerichtet.[118] Die Expertengruppen sind das Äquivalent zu den Unterarbeitsgruppen der österreichischen Strategie. Sie werden auf Grundlage der Expertise einzelner Stakeholder gebildet und sind für einzelne Projekte zu spezifischen Themen verantwortlich. Beiden gemein ist, dass sie nicht dauerhaft bestehen bleiben (müssen), sondern je nach Bedarf eingerichtet werden können.[119] Auch für die deutsche Strategie soll ein Ausschuss oder ein Komitee eingerichtet werden, der bzw. das die Interessen verschiedener Stakeholder vertritt und durch die Expertise der Mitglieder an der Strategieentwicklung und -umsetzung mitwirkt. Durch Arbeits- oder Expertengruppen sollen spezifische operative Aufgaben erledigt werden.

Die als Finanzbildungscommunity (Österreich) und Stakeholder (Kanada) bezeichneten Gremien umfassen alle öffentlichen, privatwirtschaftlichen und gemeinnützigen Stakeholder, die sich mit Finanzbildung beschäftigen oder als Multiplikatoren dienen können und eingeladen werden, sich an der Entwicklung und Umsetzung der Strategie zu beteiligen.[120] Eine entsprechende Gruppierung aller Stakeholder wird auch für die nationale Strategie Deutschlands beabsichtigt.

Als zusätzliche Gremien werden im Rahmen der österreichischen Strategie die wissenschaftliche Arbeitsgruppe und im Rahmen der kanadischen Strategie die Einwohner bzw. Bürgerinnen und Bürger Kanadas aufgeführt. Durch die wissenschaftliche Arbeitsgruppe soll sichergestellt werden, „dass die wissenschaftliche Gemeinschaft an der Konzeptionierung und Umsetzung der Strategie beteiligt ist".[121] Die Einwohner bzw. Bürgerinnen und Bürger Kanadas sollen dazu beitragen, die Handlungsbedarfe zu erkennen und durch Annahme der Bildungsangebote die eigene Finanzkompetenz zu verbessern.[122] Die wissenschaftliche Begleitung des gesamten Prozesses wird auch für die deutsche Strategie vorgesehen. Die Bürger*innen und Einwohner Deutschlands werden im Rahmen der Diagnose und durch Befragungen im Rahmen der Evaluierung in die Entwicklung und Überwachung der Strategie einbezogen. Die zusätzliche Verankerung als einzelnes Gremium wird nicht übernommen.

2.2 Übertragung auf Deutschland

Aus den vorgestellten Gremien kann damit für die deutsche nationale Strategie folgende Governance-Struktur der einzelnen Gremien festgelegt werden.

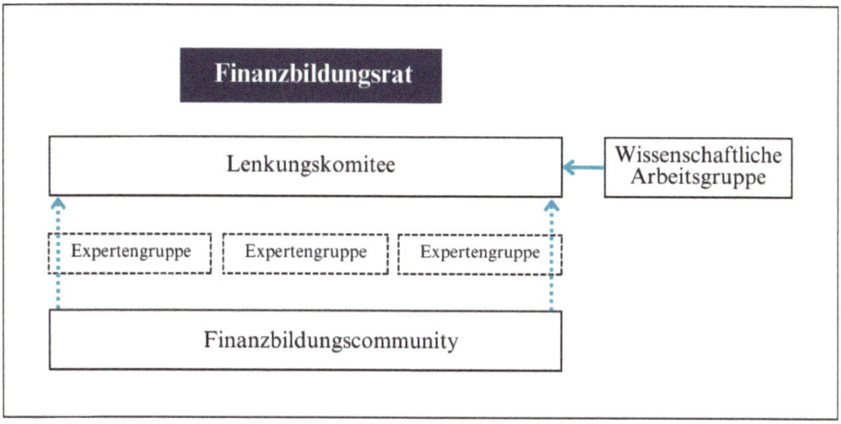

Abbildung 5: Governance-Struktur

Der Finanzbildungsrat ist die Führungsbehörde der nationalen Finanzbildungsstrategie in Deutschland. Er ist verantwortlich für die Entwicklung, Umsetzung und Überwachung der Strategie und die Koordinierung der anderen Gremien. Er setzt sich zusammen aus Mitgliedern des Bundesfinanzministeriums, des Bundesbildungsministeriums, der Bundesbank und der Bundesanstalt für Finanzdienstleistungsaufsicht.

Das Lenkungskomitee unterstützt den Finanzbildungsrat in seinen Aufgaben, insbesondere bei der Entwicklung, Umsetzung und Überwachung der Strategie, durch die Einbringung der eigenen Expertise und vertritt verschiedene Interessengruppen. Die Mitglieder beteiligen sich zusätzlich durch die Entwicklung und Umsetzung von Maßnahmen und Aktivitäten zur Verbesserung der Finanzkompetenz. Um spezielle Themen besser bearbeiten oder einzelne Zielgruppen besser erreichen zu können, werden aus Mitgliedern des Lenkungskomitees und zusätzlichen Stakeholdern Expertengruppen gebildet, die ihre Netzwerkstrukturen, ihr Fachwissen und ihre Erfahrung einsetzen, um die gewünschten Ziele zu erreichen. Die Expertengruppen bleiben nicht dauerhaft bestehen, sondern werden bedarfsgerecht eingerichtet. Das Lenkungskomitee setzt sich aus Mitgliedern des Bundeswirtschaftsministeriums, Bundesumweltministeriums, Bundesarbeitsministeriums und Bundesfamilienministeriums sowie ausgewählten Landes- und Kommunalbehörden, privatwirtschaftlichen und gemeinnützigen Stakeholdern zusammen. Darunter fallen unter anderem die im vorherigen Kapitel aufgeführten Institutionen. Der Finanzbildungsrat ist ebenfalls Bestandteil des Lenkungskomitees. Um ein effizientes Arbeiten sicherzustellen, sollte das Lenkungskomitee nicht zu viele Mitglieder umfassen. Eine Vielzahl von Stakeholdern kann durch die Mitarbeit in den Expertengruppen an den jeweiligen Aufgaben beteiligt werden, ohne Mitglied des Lenkungskomitees zu sein.

In der Finanzbildungscommunity werden alle Stakeholder zusammengefasst, die an der Entwicklung, Umsetzung und Überwachung der Strategie beteiligt werden. Durch die Beteiligung von öffentlichen, privaten und gemeinnützigen Interessengruppen sowie Vertretern aus Wirtschaft und Wissenschaft wird eine möglichst heterogene Gruppe gebildet. Die verschiedenen Beteiligungsmöglichkeiten wurden bereits im vorherigen Abschnitt erläutert. Die Finanzbildungscommunity stellt kein festes, geschlossenes Gremium dar, sondern kann fortlaufend verändert und erweitert werden.

Die wissenschaftliche Arbeitsgruppe begleitet den Entwicklungs- und Umsetzungsprozess der Strategie, um Erkenntnisse zu gewinnen, sodass Entscheidungsträger auf Grundlage der gewonnenen Evidenz eine Bewertung der Wirksamkeit der Strategie vornehmen sowie über Folgestrategien entscheiden können.

3 Leitbild

Das Leitbild zählt zu den wichtigsten Bestandteilen der Strategie. Leitbilder gibt es in verschiedenen Ausführungen oder Varianten, beispielsweise als Unternehmensleitbild, Rollenleitbild, Programmleitbild oder Fachleitbild.[123] Allen Arten von Leitbildern ist gemein, dass sie Orientierung bieten und Schwerpunkte für das eigene Handeln setzen sollen. Leitbilder können als „dauerhaftes Grundverständnis für alle Beteiligten"[124] verstanden werden. Dabei entfalten sie eine Wirkung nach innen, indem sie das Bekenntnis der Mitarbeitenden oder Stakeholder fördern, und nach außen, indem sie der Organisation, der Strategie oder dem Programm Identität verleihen.[125] Insgesamt erfüllt ein Leitbild vier wesentliche Funktionen:

1. Orientierungsfunktion
2. Motivationsfunktion
3. Koordinationsfunktion
4. Führungsfunktion[126]

Wie die Abbildung 6 zeigt, setzt sich das Leitbild dazu aus drei verschiedenen Komponenten zusammen. Es beinhaltet die Vision, die Mission und die Werte der Strategie und bringt damit die „Grundvorstellungen"[127] zum Ausdruck.[128]

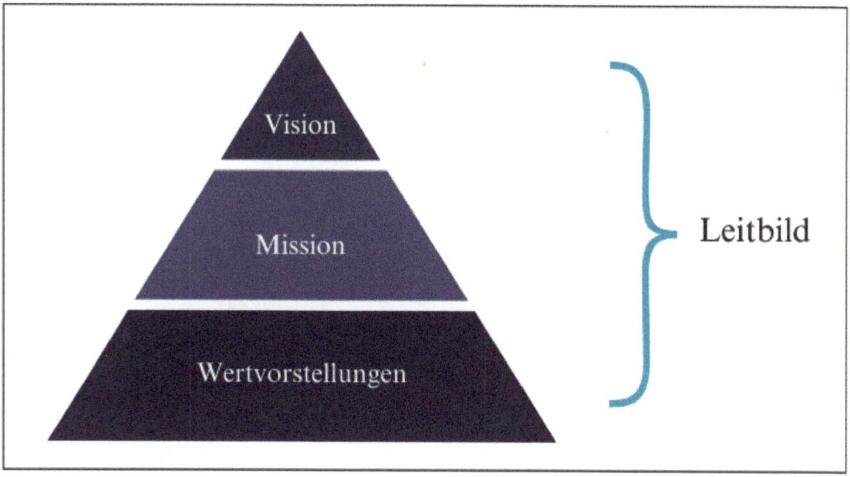

Abbildung 6: Komponenten eines Leitbilds

Die Vision entspricht dabei dem „in der Zukunft gewünschten Zustand“[129], der durch die Strategie erreicht werden soll. Sie dient dazu, die Frage „Was wollen wir erreichen?“ zu beantworten.[130] Die Mission beschreibt den Auftrag und damit das Wirkungsziel der Strategie. Durch sie soll die Frage „Wofür sind wir da?“ beantwortet werden.[131] Die Wertvorstellungen, die im Leitbild verankert werden sollen, „resultieren aus Idealen, Überzeugungen und Handlungsprinzipien“[132] und geben eine Orientierung, auf welche Art und Weise die Vision und Mission umgesetzt werden sollen.[133] Zusammengefasst lässt sich das Leitbild somit als „prägnante Formulierung der [...] Aufgaben und Ziele [der Strategie] sowie der Art und Weise, wie diese Ziele erreicht werden sollen“[134] beschreiben.

Für die nationale Finanzbildungsstrategie sollte das Leitbild im Idealfall gemeinsam mit den Stakeholdern entwickelt werden. Dazu eignen sich vor allem Workshops im Rahmen einer Veranstaltung zur Entwicklung der Finanzbildungsstrategie, beispielsweise die angekündigte Konferenz der Bundesministerien. In dieser Ausarbeitung wurde das Leitbild auf Grundlage einer Analyse von Leitbildern nationaler Strategien anderer Länder entwickelt. In den Strategien von Südafrika, Neuseeland, den USA und der Niederlande wurde neben einer Vision auch eine Mission aufgestellt.[135] In einigen anderen Ländern wurde jedoch nur eine Vision aufgestellt, und die weiteren Komponenten des Leitbilds wurden außer Acht gelassen. Daher werden zunächst nur die Visionen nationaler Strategien anderer Länder verglichen, die in der Tabelle 4 aufgeführt sind.

Tabelle 4: Visionen nationaler Strategien anderer Länder[d]

Land	Jahr	Vision
Armenien	2018	Increase the level of financial literacy in Armenia, which will contribute to increased financial stability, financial inclusion, and welfare for the people of Armenia.
Australien	2011	To enhance the financial wellbeing of all Australians by improving financial literacy levels.
Australien	2022	For Australians to have the knowledge, skills, attitudes and confidence to engage in positive financial behaviours and make financial decisions appropriate to their individual circumstances throughout their lives.
Indien	2020	A financially aware and empowered India.
Kanada	2015	To strengthen the financial well-being of Canadians and their families.
Kanada	2021	A Canada where everyone can build financial resilience in an increasingly digital world.
Malaysia	2019	Improve financial well-being of Malaysians.
Neuseeland	2012	Personal financial wellbeing for New Zealanders.
Neuseeland	2021	New Zealanders understand money.
Niederlande	2014	Money Wise is the platform in which partners pool their strengths to advance responsible financial behaviour in the Netherlands.
Südafrika	2013	To increase the financial capability and thereby the financial well-being of all South Africans.
UK	2020	Everyone making the most of their money and pensions.
USA	2016	Sustained Financial Well-Being for All Individuals and Families in the U.S.

Ein Großteil der Visionen umfasst das finanzielle Wohlergehen der Bevölkerung. Darüber hinaus beziehen sich viele der aufgeführten Visionen auf die Verbesserung der Finanzkompetenz, des Finanzwissens bzw. -verständnisses oder des Finanzverhaltens der eigenen Bürgerinnen und Bürger. In Verbindung mit der dargelegten Definition

[d] Weitere Informationen sowie die Quellenangaben sind unter folgendem Link zu finden: www.degefin.de/aufbruch-fibi/vision

von Finanzkompetenz ergibt sich für die nationale Finanzbildungsstrategie in Deutschland folgendes Leitbild[e] (Abbildung 7):

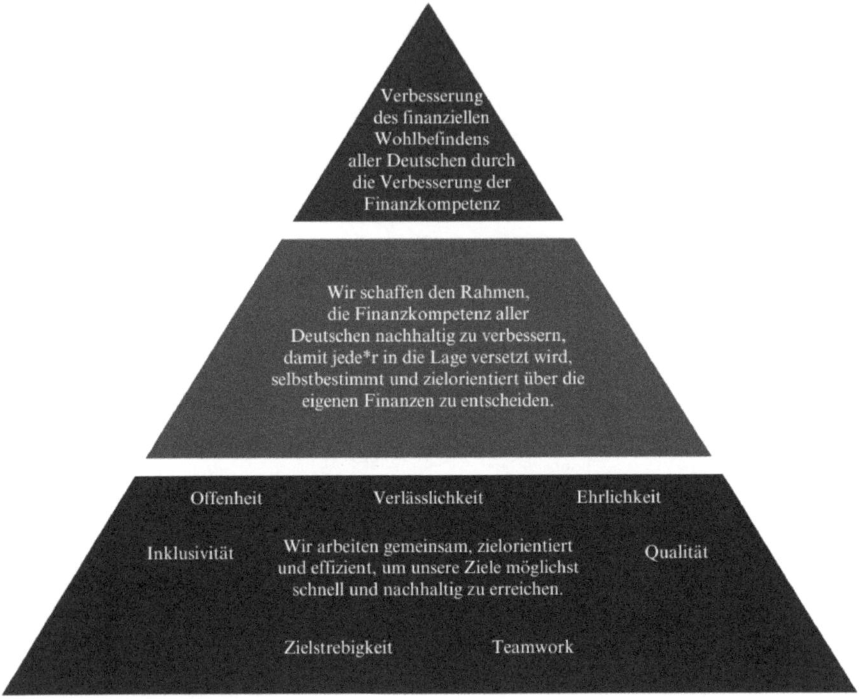

Abbildung 7: Leitbild

4 Strategische Elemente

Aus dem Leitbild können die strategischen Ziele und Prioritäten abgeleitet werden, die zur Realisierung der Vision erforderlich sind. In vielen Strategien wird keine Unterscheidung zwischen Zielen und strategischen Prioritäten vorgenommen. Häufig sind nur Ziele oder

---

[e] „Im gesamten Teil des Buches umfasst der Begriff „die Deutschen" auch alle Personen, die dauerhaft in Deutschland leben und nicht die deutsche Staatsbürgerschaft besitzen. Der Begriff wird synonym zu den Begriffen „die deutsche Bevölkerung" und „alle in Deutschland lebenden Personen" verwendet."

Prioritäten aufgeführt, die in der Regel als Ziele benannt werden.[136] Im Rahmen dieser Strategie wird jedoch eine eindeutige Abgrenzung vorgenommen. Die strategischen Prioritäten gehen in großen Teilen mit den Wertvorstellungen aus dem Leitbild einher. Sie bilden die Erwartungen ab, die an die Strategieentwicklung und -umsetzung gestellt werden, um die Ziele zu erreichen. Sie beziehen sich demnach auf die Strategie als solche, während die Ziele die gewünschte Wirkung der Strategie darstellen. Eine vergleichbare Unterscheidung wurde beispielsweise auch in den nationalen Strategien von Malaysia, Kanada und Österreich vorgenommen.[137] Wichtig ist, dass sowohl die strategischen Ziele als auch die Prioritäten konkret auf das jeweilige Land ausgerichtet sind, für das die Strategie erstellt wird. Insofern ist eine Orientierung an internationalen Finanzbildungsstrategien nur in Ansätzen möglich bzw. zielführend.

Die folgende Abbildung 8 zeigt die strategischen Ziele der nationalen Finanzbildungsstrategie für Deutschland.

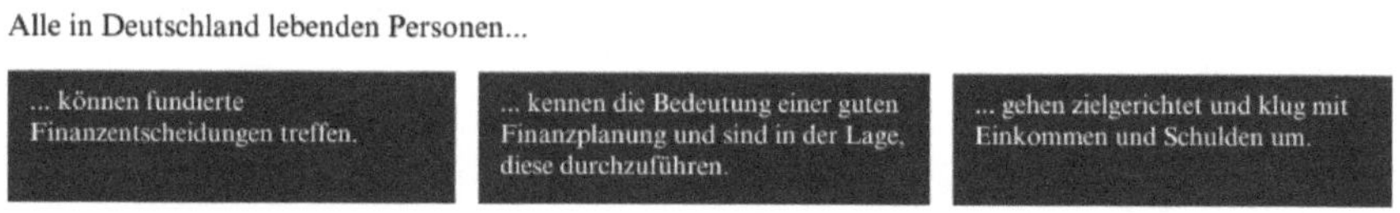

Abbildung 8: Strategische Ziele

Die Ziele unterteilen sich in strategische und operative Ziele. Die strategischen Ziele sollen „angestrebte Zustände in der (ferneren) Zukunft“[138] beschreiben und Orientierung für das weitere Handeln bieten. Sie sind langfristig ausgerichtet und sollen dazu beitragen, die Mission zu erfüllen und „der Vision einen wesentlichen Schritt näher zu kommen“[139]. Durch die Festlegung von strategischen Zielen werden zudem Prioritäten für den Einsatz von personellen, zeitlichen und finanziellen Ressourcen gesetzt.[140] Die strategischen Ziele sind offener formuliert und werden in den operativen Zielen konkretisiert. Um aus den operativen Zielen Handlungsfelder und Maßnahmen ableiten zu können, werden diese für die jeweiligen Zielgruppen einzeln aufgestellt. Nach der Festlegung der Zielgruppen werden die strategischen Ziele in operative Ziele konkretisiert. Dabei wird die SMART-Methode angewandt, nach der die Ziele spezifisch, messbar, attraktiv, realistisch und terminiert formuliert werden.[141] Die strategischen und operativen Ziele sind im Zielsystem im Unterpunkt 6 zusammengefasst.

Die Abbildung 9 zeigt die strategischen Prioritäten für die nationale Finanzbildungsstrategie in Deutschland.

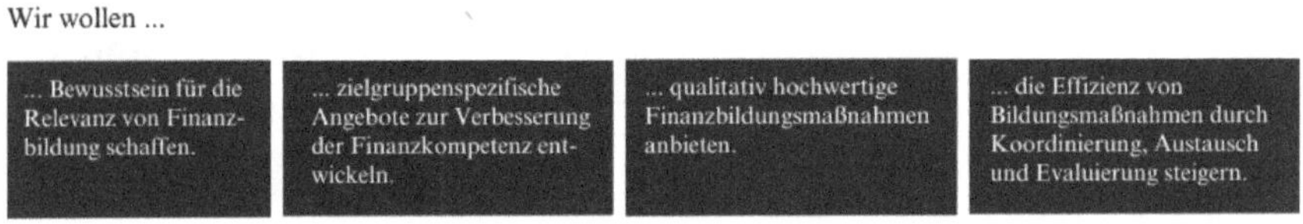

Abbildung 9: Strategische Prioritäten

Aus den aufgeführten strategischen Prioritäten lässt sich der Handlungsrahmen der Strategie ableiten. Darauf wird im Unterpunkt 7 näher eingegangen. Darüber hinaus bilden sie den Rahmen für die Ziele der Strategie.

5 Zielgruppen

Um das Zielsystem entwickeln zu können, müssen zunächst Zielgruppen definiert werden. Aus der Vision wird bereits deutlich, dass sich die Strategie an die gesamte deutsche Bevölkerung richtet und jeden Einzelnen einbezieht. Trotzdem sind spezifische Zielgruppen festzulegen, damit eigene Ziele und Maßnahmen für diese aufgestellt werden können.

5.1 Zielgruppen anderer Länder

Bei der Definition von Zielgruppen lassen sich in nationalen Strategien anderer Länder zwei verschiedene Ansätze unterscheiden. Eine mögliche Vorgehensweise ist die Unterscheidung von Personengruppen. Dabei kann zwischen Lebensphasen bzw. Altersstufen und sonstigen sozio-demografischen Merkmalen unterschieden werden. Die Strategie Südafrikas beispielsweise unterscheidet verschiedene Lebensphasen, die sich am Alter der Betroffenen orientieren. Auch Indien hat in einer von drei Dimensionen die Unterscheidung der Zielgruppen nach Lebensphasen vorgenommen.[142] Die Einteilung ist dabei sehr ähnlich. Beide Länder unterscheiden zwischen Jugendlichen oder Heranwachsenden, Erwachsenen und Senioren. In Indien wird die Gruppe der Erwachsenen zusätzlich in junge Erwachsene und arbeitende Erwachsene unterteilt. In der südafrikanischen Strategie wurde neben den drei Altersgruppen eine zusätzliche Zielgruppe definiert, die nicht personenbezogen ist. Diese wird als Gemeinschaft bezeichnet. Auch Malaysia hat eine an Altersstufen orientierte Einteilung der Zielgruppen gewählt. In der Strategie werden die Zielgruppen Schulkinder, Jugendliche, Erwachsene und Rentner unterschieden.[143]

Für die Strategien aus Neuseeland und Brasilien hingegen wurden die Zielgruppen anhand anderer sozio-demografischer Faktoren festgelegt. In Neuseeland wurden drei Gruppen bestimmt, auf die ein besonderer Fokus im Rahmen von Finanzbildungsmaßnahmen gelegt wird. Dabei handelt es sich um Frauen, die Māori und die „Pacific People"[144]. Diese drei Gruppen wurden ausgewählt, da hier die größte positive Wirkung auf das Leben der zugehörigen Personen durch eine Verbesserung der Finanzkompetenz erwartet wird.[145] Gleichwohl bezieht sich die Strategie insgesamt auf die gesamte Bevölkerung Neuseelands. In Brasilien wurden die drei Zielgruppen Schulen, Frauen und Senioren festgelegt.[146] Auch Indien hat im Rahmen der zweiten und dritten Dimension eine Einteilung anhand von sozialen Faktoren vorgenommen.[147]

Die andere Möglichkeit zur Einteilung der Zielgruppen orientiert sich anhand von Lebensereignissen oder Lebensphasen, die an entsprechende Ereignisse geknüpft sind. Hierbei werden weder das Alter noch sonstige sozio-demografische Faktoren berücksichtigt, um Personen einer Zielgruppe zuzuordnen.

Die Gruppeneinteilungen verschiedener internationaler Strategien sind dabei insgesamt ähnlich, weisen zum Teil jedoch landesspezifische Besonderheiten auf. So wird bei der Strategie für Singapur der „National Service"[148] berücksichtigt, der in etwa mit dem deutschen Wehrdienst vergleichbar ist. Ein ähnliches Lebensereignis wird in den weiteren analysierten Strategien nicht berücksichtigt. Andere Lebensereignisse oder daran anknüpfende Lebensphasen, wie „den ersten Beruf ausüben", „ein Haus kaufen" oder „Kinder bekommen", werden in allen berücksichtigten Strategien aufgeführt.[149] Während im Rahmen der Strategien von Österreich und Singapur Kinder und Jugendliche durch die Phase „Schüler sein" bzw. „Schule" aktiv in eine Zielgruppe eingebunden sind, werden diese in der kanadischen Strategie nur passiv im Rahmen der Phase „Teaching children about money"[150] berücksichtigt.[151]

Im Rahmen der kanadischen Strategie finden darüber hinaus Lebensereignisse Beachtung, die nicht alle Teile der Bevölkerung betreffen. So sind dort unter anderem die Kategorien „Leben mit einer Behinderung" oder „jemanden pflegen, der krank oder behindert ist" aufgeführt. Auch die „Trennung oder Scheidung vom Lebenspartner" wird als eigenes Ereignis berücksichtigt.[152] Die folgende Abbildung 10 zeigt die unterschiedlichen Lebensereignisse oder -phasen, die in den Strategien von Kanada, Österreich und Singapur aufgeführt sind.

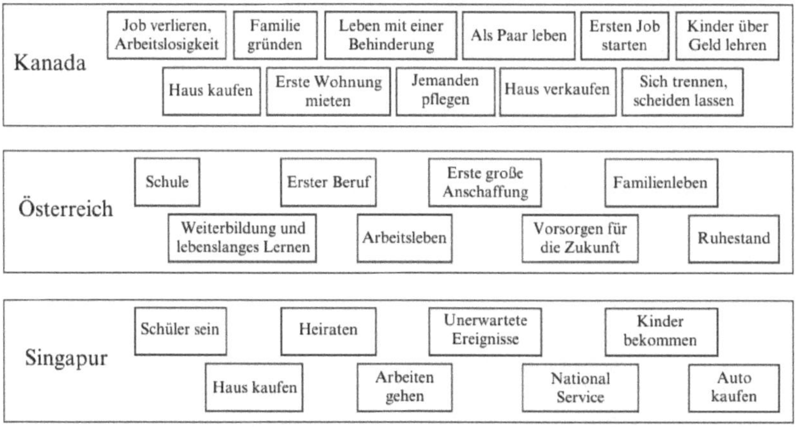

Abbildung 10: Lebensphasen in nationalen Strategien anderer Länder[153]

In der australischen Strategie werden keine spezifischen Zielgruppen unterschieden. Gleichwohl wird aufgeführt, dass die Finanzkompetenz insbesondere bei solchen Ereignissen relevant ist, die die finanzielle Situation betreffen oder verändern. Dazu heißt es: „Financial literacy information is important for the general population, but particularly so for anyone experiencing a specific or unplanned event that impacts on their financial situation, such as buying a house or car, having a baby, getting divorced, being retrenched or retiring."[154] Und auch die OECD fordert, dass die Finanzbildung zur Verbesserung der Finanzkompetenz als lebenslanger, fortlaufender und kontinuierlicher Prozess verstanden werden soll, der die unterschiedlichen Bedürfnisse in verschiedenen Lebensphasen berücksichtigt.[155]

Insofern soll für die nationale Finanzbildungsstrategie in Deutschland ebenfalls eine Einteilung der Zielgruppen anhand von Lebensphasen bzw. -ereignissen vorgenommen werden.

5.2 Übertragung auf Deutschland

Die folgende Abbildung 11 zeigt die berücksichtigten Lebensereignisse, die ein Großteil der Deutschen[f] voraussichtlich durchlaufen wird.

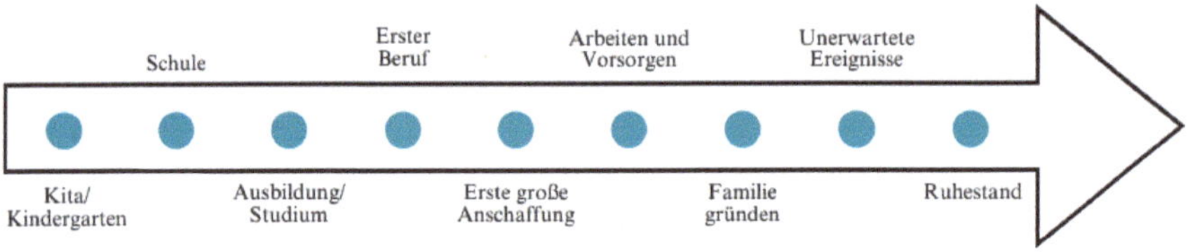

Abbildung 11: Lebensereignisse

Es ist jedoch zu beachten, dass nicht ausnahmslos jede Phase für jeden relevant ist und die Ereignisse nicht zwangsläufig in der aufgeführten Reihenfolge eintreten. Gleichwohl erfordern die ausgewählten Ereignisse besondere Unterstützung im Hinblick auf Finanzentscheidungen, zur Steigerung des finanziellen Wohlbefindens durch die Verbesserung der Finanzkompetenz. Im Folgenden werden die einzelnen Phasen, die sich aus den Lebensereignissen ergeben, kurz erläutert.

Kita/Kindergarten:

Maßnahmen zur finanziellen Bildung sollten so früh wie möglich ergriffen werden. Bereits im Kindergartenalter können Grundlagen zur finanziellen Bildung vermittelt werden. Dabei stehen vor allem die persönliche Einstellung und Haltung gegenüber finanziellen Themen im Vordergrund. Durch spielerische Elemente können Kinder an Finanzthemen herangeführt werden und erste Erfahrung mit Geld machen. Da spezifische Ziele für diese Zielgruppe nur schwer festgelegt werden können und die Zuordnung zu den strategischen Zielen nicht ohne starke Reduktion möglich wäre, wird die Zielgruppe im Zielsystem zunächst nicht weiter betrachtet.

---

f Im gesamten Kapitel umfasst der Begriff „die Deutschen" auch alle Personen, die dauerhaft in Deutschland leben und nicht die deutsche Staatsbürgerschaft besitzen. Der Begriff wird synonym zu den Begriffen „die deutsche Bevölkerung" und „alle in Deutschland lebenden Personen" verwendet.

Schule:

Nach dem Kindergarten bieten Schulen geeignete Strukturen für die frühzeitige Vermittlung von finanzieller Bildung. Schulen ermöglichen eine nahezu flächendeckende Erreichbarkeit der Zielgruppe. Die Entwicklung und Verbesserung der Finanzkompetenz von Kindern und Jugendlichen wird zunehmend relevanter, weil sich die Anforderungen in den letzten Jahrzehnten aufgrund gesellschaftlicher und technologischer Entwicklungen stark verändert haben. Ein Beispiel hierfür ist das Onlinebanking, das immer mehr an Bedeutung gewonnen hat und auch bereits von Jugendlichen und jungen Erwachsenen beherrscht werden sollte. Ein wichtiger Faktor für die Verankerung von Finanzbildungsmaßnahmen in Schulen ist die Lehrerbildung und die Verfügbarkeit von geeigneten Lehrmaterialien.[156]

Ausbildung und Studium:

Im Rahmen der Aus- und Weiterbildung sind verschiedene inhaltliche Aspekte, insbesondere der Umgang mit Geld oder Versicherungen, für viele Personen zum ersten Mal relevant. Viele junge Erwachsene beziehen erstmals ein eigenes Gehalt und sind selbst für den Umgang mit ihren Finanzen verantwortlich. Auch die Aufnahme eines Kredits, beispielsweise zur Finanzierung des Studiums, kann notwendig werden. Aus diesem Grund sollen Finanzbildungsmaßnahmen eingerichtet werden, die sich speziell auf den Umgang mit Geld und erste wichtige finanzbezogene Entscheidungen beziehen. Darüber hinaus ist es ratsam, allgemeine Angebote zur Verbesserung der eigenen Finanzkompetenz bereitzustellen, die sich an Personen richten, die „an der Möglichkeit des lebenslangen Lernens interessiert sind"[157].

Erster Beruf:

Durch den Berufseinstieg werden Themen wie „Steuern" und „Altersvorsorge" in den Vordergrund gerückt. Häufig übersteigt in dieser Zeit das Einkommen erstmals (deutlich) die Ausgaben, sodass Entscheidungen hinsichtlich Geldanlage und Sparverhalten zu treffen sind. Dies ist in Zeiten hoher Inflationsraten besonders wichtig. Hierzu ist nicht nur das bloße Wissen über die verschiedenen Möglichkeiten notwendig, sondern vor allem die Fähigkeiten, die Motivation und das Selbstbewusstsein, dieses Wissen einzusetzen. Angehörige der Zielgruppe sollten über ein besonders hohes Maß an finanzieller Kompetenz verfügen, um ihr finanzielles Wohlergehen langfristig zu steigern.

Erste große Anschaffung:

Bei der ersten großen Anschaffung handelt es sich häufig um ein Auto oder eine Immobilie. Insbesondere Letzteres stellt häufig eine der wichtigsten finanziellen Entscheidungen einer Person dar, von der nicht nur die derzeitige, sondern auch die zukünftige finanzielle Situation beeinflusst wird. Hierzu ist es wichtig, die eigenen finanziellen Rahmenbedingungen und Möglichkeiten sowie alle relevanten finanziellen Aspekte zu kennen und zu beachten, um eine Überschuldung zu vermeiden. Dazu zählen nicht nur Finanzierungsmöglichkeiten, sondern auch zusätzliche Kosten wie Maklergebühren und Steuern sowie zukünftige Verpflichtungen, beispielsweise Versicherungen und Instandhaltungsmaßnahmen.[158]

Arbeiten und Vorsorgen:

Um für die Zukunft vorsorgen zu können, ist es wichtig, über verschiedene Möglichkeiten der Geldanlage und verschiedene Einkommensströme Bescheid zu wissen. Jede Person soll in die Lage versetzt werden, selbstbestimmt individuelle Entscheidungen bezüglich des Umgangs mit den eigenen Finanzen treffen zu können, die sich sowohl auf die derzeitige als auch auf die zukünftige finanzielle Situation auswirken. Dabei ist es wichtig, dass die Entscheidungen informiert und bewusst getroffen werden und geeignet sind, die persönlichen Ziele zu erreichen.

Familie gründen:

Das Familienleben ist für einen Großteil der deutschen Bevölkerung nach wie vor von hoher Bedeutung.[159] Fast 80% der Befragten einer IfD-Umfrage haben angegeben, dass die Familie „der wichtigste Lebensbereich"[160] ist. Bei den Befragten mit Kindern war der Anteil noch einmal deutlich höher.[161] Die Gründung einer Familie, hierunter fallen im Rahmen dieser Strategie auch langfristige Partnerschaften ohne Eheschließung und/oder ohne Kinder, ist mit vielen finanziellen Entscheidungen verbunden. Zunächst sind zwei Einkommen zu verwalten und auf gemeinsame und individuelle Ziele auszurichten. Außerdem müssen Entscheidungen hinsichtlich Versicherungen, Altersvorsorge und ggf. Bildung von Rücklagen für die Erziehung und Ausbildung von Kindern getroffen werden. Eine besondere Herausforderung kann zudem das Angleichen der Money-Mindsets sein, sofern diese stark voneinander abweichen.

Unerwartete Ereignisse:

Durch unerwartete Ereignisse kann es zu signifikanten Veränderungen der finanziellen Situation kommen. So können beispielsweise unerwartete Kosten anfallen oder das Einkommen durch (anteilige) Arbeitsunfähigkeit vermindert werden oder ausfallen. Auch Ereignisse wie Scheidung, Trennung oder die Pflegebedürftigkeit eines Angehörigen können finanzielle Entscheidungen erfordern.[162] Aus diesem Grund ist es wichtig, bereits im Vorfeld Vorkehrungen zu treffen, um durch entsprechende Ereignisse nicht in finanzielle Schwierigkeiten zu geraten.

Ruhestand:

Der Eintritt in den Ruhestand bedeutet eine wesentliche Veränderung der finanziellen Situation. In der Regel wird das monatliche Einkommen geringer, vor allem wenn das Gehalt die einzige Einkommensquelle dargestellt hat. Dies erfordert für Angehörige der Zielgruppe eine „Neubewertung ihrer Kaufkraft und ihres Lebensstils"[163]. Auch Entscheidungen über das bisher aufgebaute Vermögen und den

Umgang hiermit sind zu treffen. Eine weitere Herausforderung, gerade für ältere Menschen, liegt in der Digitalisierung von Finanzdienstleistungen. Auch ältere Menschen sollten sich mit Aspekten wie Onlinebanking auseinandersetzen, um nicht vom Finanzmarkt ausgeschlossen zu werden.[164]

Die Einteilung der Zielgruppen anhand von Lebensereignissen weist verschiedene Vorteile auf. Zum einen wird nahezu jede Person von mindestens einer Zielgruppe erfasst, wodurch das Ziel, die Finanzkompetenz der gesamten Bevölkerung zu verbessern, unterstützt wird. Zum anderen durchläuft ein Großteil der in Deutschland lebenden Personen im Laufe des Lebens (fast) alle Phasen, die sich aus den Lebensereignissen ergeben. Dadurch ermöglicht ein ganzheitliches Bildungskonzept eine langfristige, nachhaltige und fortdauernde Finanzbildung. Durch das Angebot von Finanzbildungsmaßnahmen und die Bereitstellung von Informationen zu finanziellen Aspekten aufgrund besonderer Lebensereignisse werden die Deutschen in allen wichtigen Finanzentscheidungen unterstützt, und das finanzielle Wohlergehen wird positiv beeinflusst.

Um der heterogenen Verteilung der Finanzkompetenz in Deutschland entgegenzuwirken, werden neben den oben genannten Zielgruppen, die auf den Lebensereignissen basieren, noch drei weitere festgelegt. Dabei handelt es sich um die Zielgruppen „Frauen", „Personen mit geringem Einkommen" und „Geflüchtete/Migranten". Diesen drei Personengruppen ist gemein, dass sie in (fast) allen Studien deutlich unterdurchschnittliche Ergebnisse bezüglich der Finanzkompetenz erzielt haben. Finanzbildungsmaßnahmen sind für Personen dieser Gruppen demnach besonders wichtig, sodass hier ein zusätzlicher Fokus gelegt werden soll.

Frauen:

Frauen weisen im Durchschnitt ein deutlich niedrigeres Maß an Finanzkompetenz auf als Männer. Darüber hinaus verfügen Frauen durchschnittlich auch über ein geringeres Einkommen als Männer. Dies ist auf verschiedene Faktoren, wie die Art und den Umfang der Erwerbstätigkeit, zurückzuführen. Zum einen gehen Frauen häufig schlechter bezahlten beruflichen Tätigkeiten nach. Zum anderen entfällt der Großteil der „unbezahlten Sorgearbeit"[165], also die Pflege von Angehörigen oder die Erziehung der Kinder, auf Frauen. In diesem Rahmen werden häufig die Begriffe „Gender-Pay-Gap" und „Gender-Care-Gap" aufgegriffen, die die geschlechterspezifischen Unterschiede verdeutlichen. Die beiden Aspekte führen dazu, dass Frauen in der Regel eine geringere Rente beziehen und über weniger Altersvorsorge verfügen. Dieser Umstand wird als „Gender-Pension-Gap" bezeichnet. Aus diesen Gründen ist die Verbesserung der Finanzkompetenz von Frauen besonders wichtig, um Frauen zu ermutigen und in die Lage zu versetzen, sich selbst um ihre finanzielle Situation kümmern zu können und finanziellen Missständen oder Abhängigkeiten vorzubeugen.[166]

Personen mit geringem Einkommen:

Ähnlich wie bei der Zielgruppe der Frauen ist die Steigerung der Finanzkompetenz für Personen mit geringem Einkommen besonders wichtig, um Armut vorzubeugen. Der Anteil der von Armut betroffenen Personen in Deutschland hat sich in den letzten Jahren kontinuierlich erhöht und lag im Jahr 2021 bei fast 17%.[167] Besonders betroffen sind Erwerbslose und sonstige Nichterwerbspersonen. Dementsprechend hat sich auch die Anzahl von Personen, die Grundsicherung im Alter und bei Erwerbsminderung beziehen, in den letzten Dekaden deutlich erhöht.[168] Aus diesem Grund ist es wichtig, die Finanzkompetenz von Personen mit geringem Einkommen zu erhöhen, um das finanzielle Wohlbefinden zu steigern und langfristige finanzielle Sicherheit durch zielgerichtete Finanzentscheidungen zu ermöglichen. Dadurch können auch positive Effekte für die Finanzstabilität in

Deutschland erzielt werden, da mehr Personen aktiv am Finanzmarkt teilnehmen können und weniger Personen auf finanzielle Unterstützung durch den Staat angewiesen sind.

Geflüchtete/Migranten:

Die Entscheidung, Geflüchtete und Personen mit Migrationshintergrund als zusätzliche Zielgruppe aufzunehmen, begründet sich vorrangig in zwei Aspekten. Einerseits sind für diese Personengruppe besondere Maßnahmen einzurichten, von denen es bislang nur ein sehr geringes Angebot gibt. Aufgrund unterschiedlicher Standards in den Herkunftsländern der geflüchteten und eingewanderten Personen und auch im Hinblick auf sprachliche Herausforderungen sollten Finanzbildungsmaßnahmen speziell für diese Zielgruppe eingerichtet werden. Andererseits trägt die Verbesserung der Finanzkompetenz und der finanziellen Inklusion einen wichtigen Schritt zur Integration und Unterstützung der Geflüchteten oder Eingewanderten bei. Dadurch werden das finanzielle Wohlergehen und die finanzielle Stabilität der betroffenen Personen verbessert.[169]

6 Zielsystem

Das Zielsystem besteht aus den strategischen Zielen und den daraus abgeleiteten operativen Zielen. Die operativen Ziele werden für jede Zielgruppe einzeln festgelegt und dienen als Grundlage für die Entwicklung und Durchführung von Finanzbildungsmaßnahmen. Die operativen Ziele können darüber hinaus für die Erstellung der Kompetenzrahmen dienen. Für die einzelnen operativen Ziele ist es notwendig, Indikatoren zur Messung der Zielerreichung festzulegen. Diese sind für die Evaluierung erforderlich. Die Festlegung der Zielwerte sollte auf Grundlage der in der Diagnose erhobenen Werte erfolgen, damit diese realistisch und erreichbar sind. Da für die Konzeption dieser beispielhaften Strategie keine gesonderte Diagnose durchgeführt wurde, kann die Festlegung von konkreten Zielwerten lediglich auf der Grundlage der zuvor analysierten Studien erfolgen. Zu beachten ist, dass das Zielsystem kein abgeschlossenes Werk darstellt, sondern im Entwicklungs- und Umsetzungsprozess der Strategie fortlaufend angepasst und erweitert werden kann.

Aus den strategischen Zielen werden für jede einzelne Zielgruppe operative Ziele abgeleitet. Die operativen Ziele sollen spezifisch, messbar, attraktiv, realistisch und terminiert sein. Damit die Ziele spezifisch und attraktiv sind, müssen sie zum einen konkret definiert sein und zum anderen einen positiven Nutzen aufweisen. Alle aufgestellten Ziele dienen der Erfüllung der Vision der Strategie und sollen das finanzielle Wohlbefinden der betroffenen Personen positiv beeinflussen. Insofern können sie als attraktiv bewertet werden. Die Kriterien „realistisch“, „messbar“ und „terminiert“ werden durch die Festlegung von Zielwerten erfüllt. Die jeweiligen Indikatoren zur Messung der Zielerreichung werden mit Zielwerten für die einzelnen Jahre der Strategie versehen. Die Zielwerte sind abhängig von den Ausgangswerten, die in der Diagnose ermittelt wurden, und den Zwischenergebnissen, die im Rahmen der Umsetzung der Strategie durch Evaluierung und Überwachung festgestellt werden. Dabei sind die Zielwerte realistisch zu planen und auf Grundlage neuer Informationen anzupassen. Zur besseren Übersichtlichkeit werden die Zielsysteme für die einzelnen Zielgruppen getrennt voneinander abgebildet. Die Abbildungen 12–22 zeigen die jeweiligen Zielsysteme. Die Ziele für die Angehörigen der Zielgruppen „Unerwartete Ereignisse“ und „Ruhestand“ beziehen sich in Teilen bereits auf die Zeit vor dem Erreichen der Zielgruppe und betreffen die entsprechende Vorsorge.

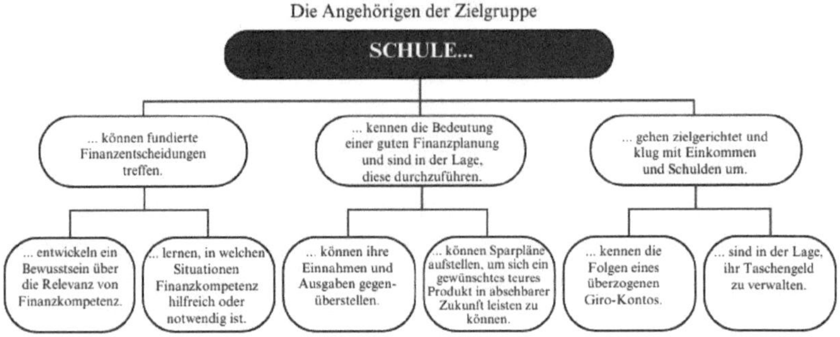

Abbildung 12: Zielsystem Schule

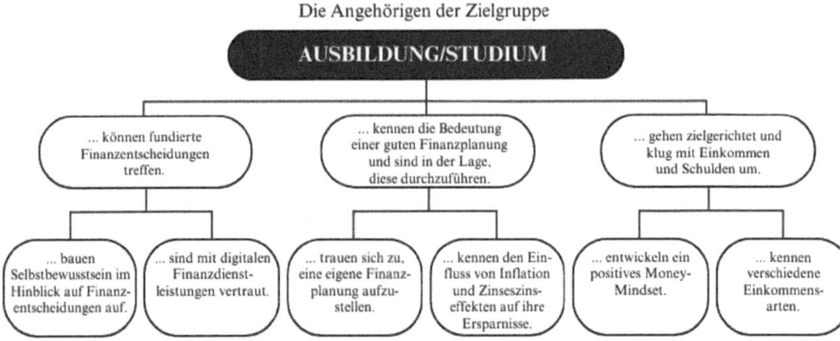

Abbildung 13: Zielsystem Ausbildung/Studium

Abbildung 14: Zielsystem erster Beruf

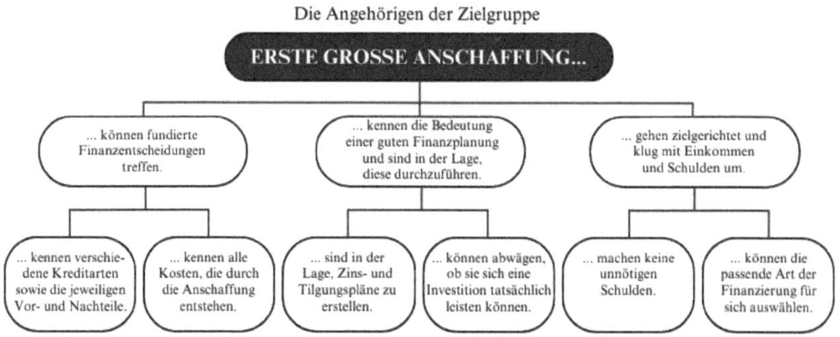

Abbildung 15: Zielsystem erste große Anschaffung

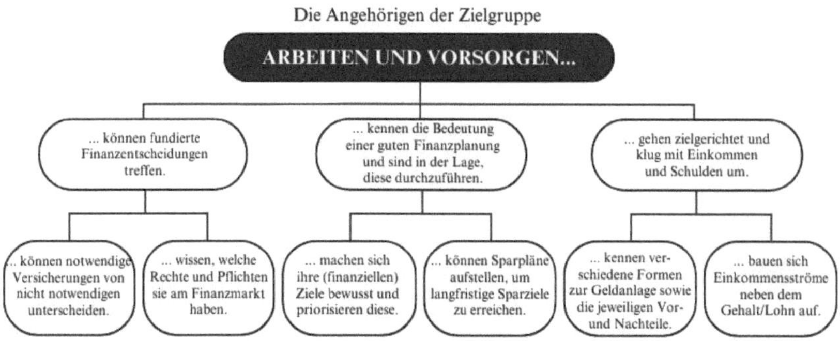

Abbildung 16: Zielsystem Arbeiten und Vorsorgen

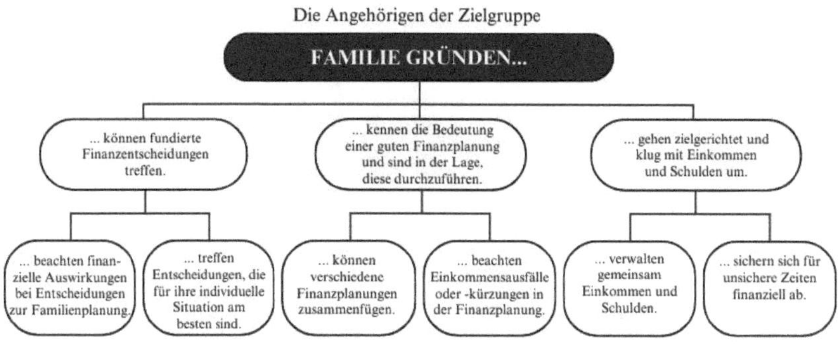

Abbildung 17: Zielsystem Familie gründen

Abbildung 18: Zielsystem unerwartete Ereignisse

Abbildung 19: Zielsystem Ruhestand

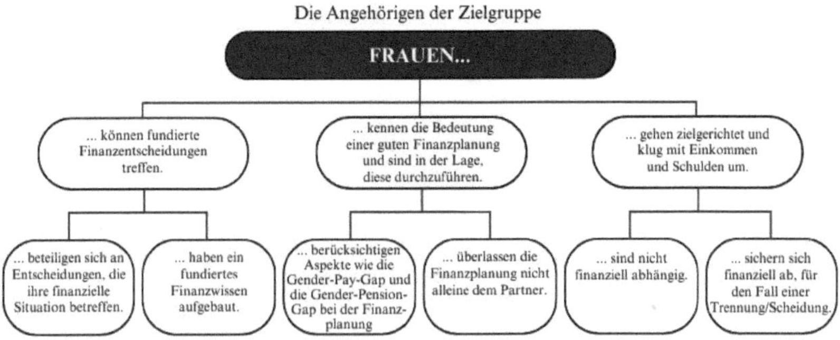

Abbildung 20: Zielsystem Frauen

Abbildung 21: Zielsystem Personen mit geringem Einkommen

Abbildung 22: Zielsystem Geflüchtete/Migranten

Die operativen Ziele dienen als Grundlage für die Kompetenzrahmen.[g] Diese umfassen alle Aspekte, die die Finanzkompetenz einer Person ausmachen. Mit Hilfe der Kompetenzrahmen kann ein Fragebogen erstellt werden, um das Maß der Finanzkompetenz einzelner Personen oder Personengruppen abzufragen. Der Fragebogen sollte sowohl im Rahmen der Diagnose als auch zur Evaluierung der Strategie im Rahmen des Umsetzungsprozesses angewandt werden. Die entsprechenden Befragungen können sodann Aufschluss über die Zielerreichung geben, da die Kompetenzen unter anderem aus den operativen Zielen

[g] Die Kompetenzrahmen für Kinder und Erwachsene sind unter folgendem Link abzurufen: www.degefin.de/aufbruch-fibi/kompetenzrahmen

abgeleitet werden. Es ist zu beachten, dass der Kompetenzrahmen für Erwachsene auf dem für Kinder und Jugendliche aufbaut, sodass die darin aufgeführten Kompetenzen als Grundlagen zu verstehen sind, über die ein Erwachsener bereits verfügen sollte.

7 Strategiekarte

Die Strategiekarte beinhaltet den Handlungsrahmen für die Umsetzung der Strategie. Dieser baut auf den strategischen Prioritäten auf, die aus dem Leitbild und den strategischen Zielen abgeleitet wurden. Die Erfüllung der in den strategischen Prioritäten formulierten Erwartungen ist Voraussetzung für das Erreichen der strategischen Ziele. Der Handlungsrahmen soll den Stakeholdern zusätzliche Orientierung bieten, indem die strategischen Prioritäten in nachgeordnete operative Ansätze unterteilt werden. Den einzelnen Ansätzen werden schließlich konkrete Maßnahmen zugeordnet. Dabei können die einzelnen Ansätze nicht immer isoliert betrachtet werden, sondern wirken ineinander. Folglich ist es wichtig, dass die Ansätze nicht konkurrierend, sondern komplementär zueinander aufgestellt werden. Die aufgeführten Maßnahmen sind nicht zu verwechseln mit den konkreten Finanzbildungsmaßnahmen, sondern entsprechen Handlungsschritten, die für die erfolgreiche, qualitativ hochwertige und effiziente Entwicklung und Durchführung dieser Finanzbildungsmaßnahmen (langfristig) notwendig sind. Bei der Formulierung der jeweiligen Ansätze zu den strategischen Prioritäten wurden verschiedene internationale Strategien zur Orientierung herangezogen, darunter die Strategien aus Kanada, Österreich und Neuseeland. Dabei wurden einzelne Aspekte im Hinblick auf die Übertragbarkeit auf die nationale Strategie für Deutschland analysiert und als Grundlage für die Entwicklung eigener Ideen herangezogen. Die Umsetzung der aufgeführten sowie die Entwicklung weiterer Maßnahmen wird durch die einzelnen Expertengruppen sichergestellt.

Die strategischen Prioritäten und die jeweiligen operativen Ansätze bilden die Grundlage für die Jahrespläne zur Umsetzung der Strategie.[h] Im Rahmen der Evaluierungen wird anschließend festgestellt, ob die jeweiligen Maßnahmen, die in den Jahresarbeitsplänen aufgeführt sind, durchgeführt und die operativen Ansätze und strategischen Prioritäten erreicht wurden. Dadurch lassen sich Anpassungs- oder Verbesserungsnotwendigkeiten erkennen. Im Rahmen der Strategieerstellung wird zunächst nur eine grobe Übersicht über die gesamte Umsetzungsdauer sowie ein detaillierter Jahresarbeitsplan für das erste Jahr der Strategieumsetzung aufgestellt. Darauf aufbauend können im Rahmen der Strategieumsetzung, anhand der Erkenntnisse der Evaluierungen, die weiteren Jahresarbeitspläne erstellt werden. Nachfolgend sind zunächst die strategischen Prioritäten und operativen Ansätze kurz erläutert. Anschließend sind die Gesamtübersicht und der Jahresarbeitsplan des ersten Jahres dargestellt.

I. Wir wollen Bewusstsein für die Relevanz von Finanzbildung schaffen.

Die Finanzbildungsstrategie in Deutschland hilft dabei, in der Bevölkerung ein starkes Bewusstsein für die Relevanz von Finanzbildung zu verankern. Alle in Deutschland lebenden Personen sollten verstehen, dass finanzielle Bildung die eigene Finanzkompetenz verbessert und dadurch das finanzielle Wohlbefinden gesteigert werden kann. Dazu gehört vor allem die Entwicklung und Normierung einer einheitlichen Definition für Finanzbildung und Finanzkompetenz sowie die Festlegung inhaltlicher Schwerpunkte. Die Verbesserung der Finanzkompetenz muss zudem als zentrales politisches Ziel verankert werden. Darüber hinaus wird der Rahmen für Kommunikationskampagnen entworfen, um möglichst weite Teile der Bevölkerung zu erreichen.

[h] Die strategischen Prioritäten und operativen Ansätze in tabellarischer Form sind über folgenden Link abzurufen: www.degefin.de/aufbruch-fibi/strategiekarte

I.1. Einheitliche Definition von Finanzbildung und Finanzkompetenz

Im Rahmen der Strategieerstellung wurde bereits eine Definition für die Begriffe „Finanzbildung" und „Finanzkompetenz" entwickelt. Diese soll als einheitliche Definition für alle weiteren Publikationen und Maßnahmen zu dem Thema, auch unabhängig von der nationalen Strategie, verwendet werden. Dazu soll der Begriff normiert und in fachspezifische Lexika aufgenommen werden. Darüber hinaus sollen inhaltliche Schwerpunkte und weitere Kernelemente der Definition festgelegt werden, um das Bewusstsein in der Bevölkerung für die verschiedenen Themen und Aspekte, die von Finanzkompetenz umfasst werden, zu stärken. Zusätzlich können die Vorgaben zur Orientierung bei der Entwicklung von Finanzbildungsmaßnahmen dienen.

Maßnahmen:

- Normierung der Definition für Finanzbildung und Finanzkompetenz
- Aufnahme des Begriffs in Fachlexika
- Festlegung von inhaltlichen Schwerpunkten und Kernelementen der Finanzkompetenz

I.2. Finanzkompetenz als zentrales politisches Ziel

Die Verbesserung der Finanzkompetenz wird als zentrales politisches Ziel verankert. Dadurch erhält das Thema eine größere öffentliche Präsenz, und der Zugang zu verschiedenen Ressourcen wird erleichtert. Wichtig ist, dass Finanzbildung als zentrale Möglichkeit zur Verbesserung der Finanzkompetenz erkannt und festgeschrieben wird. Die politische Legitimation soll auf kommunaler, Landes- und Bundesebene erfolgen.

Maßnahmen:

- Austausch mit Mitgliedern verschiedener Parteien
- Antragstellung auf verschiedenen politischen Ebenen

I.3. Kommunikationskampagnen zur Verbreitung von Informationen

Innerhalb der Strategie wird der Rahmen für Kommunikationskampagnen entworfen, die zur Verbreitung von Informationen an die Öffentlichkeit eingesetzt werden. Dabei werden gezielte Initiativen für Multiplikatoren angeboten, um möglichst die gesamte Bevölkerung zu erreichen. Auch die Kommunikation zwischen den Mitgliedern der einzelnen Gremien gilt es festzulegen. Durch die Kampagnen wird zunächst über die Entwicklung der Strategie und anschließend über spezifische Themen sowie Erfolge berichtet. Wichtig ist es, den Zusammenhang von Finanzbildung, Finanzkompetenz und finanziellem Wohlbefinden herauszustellen. Die Kommunikation erfolgt dabei über digitale und analoge Medien. Zusätzlich wird eine eigene Website für die nationale Strategie zur Verbesserung der Finanzkompetenz eingerichtet, die neben allgemeinen Informationen zur Strategie ein breites Angebot an Finanzbildungsmaßnahmen enthält. Als Vorbilder können hier die Internetauftritte von Singapur und Kanada dienen.[170]

Maßnahmen:

- Entwicklung des Rahmens für Kommunikationskampagnen
- Ermittlung von Multiplikatoren
- Erstellung der Website

II. Wir wollen qualitativ hochwertige Finanzbildungsmaßnahmen anbieten.

Die Strategie dient dazu, bestehende Finanzbildungsmaßnahmen in einem offiziellen Rahmen anzubieten und neue Angebote zu schaffen. Um eine hohe Qualität sicherzustellen, werden verschiedene Maßnahmen ergriffen. Dazu zählen unter anderem die Entwicklung eines Verhaltenskodex für die Stakeholder, die Schulung von Lehrkräften, Ausbildenden und Coaches sowie die Festlegung von Qualitätsstandards für die Finanzbildungsmaßnahmen.

II.1. Verhaltenskodex für Stakeholder

In Zusammenarbeit mit den Stakeholdern wird ein Verhaltenskodex für ihre Beteiligung an der Entwicklung und Durchführung von Finanzbildungsmaßnahmen formuliert. Der Verhaltenskodex richtet sich vorrangig an die privaten und gemeinnützigen Stakeholder, gilt aber auch für die öffentlichen Einrichtungen, die an der Entwicklung, Umsetzung und Überwachung der Strategie beteiligt sind. Durch den Verhaltenskodex wird sichergestellt, dass lediglich pädagogische und keine kommerziellen Zwecke verfolgt werden. Außerdem werden einheitliche Standards für die Stakeholder festgelegt, sodass Objektivität, Qualität und Unparteilichkeit bei der Entwicklung und Durchführung von Maßnahmen zur finanziellen Bildung gewährleistet sind.

Maßnahmen:

- Durchführung eines Workshops mit Stakeholdern
- Aufstellung des Verhaltenskodex

II.2. Schulung von Lehrkräften, Ausbildenden, Coaches

Die Strategie fördert die Schulung und Ausbildung von Lehrkräften, Ausbildenden und anderen Coaches in Finanzthemen, um diese als Multiplikatoren einsetzen und dadurch die Finanzkompetenz weiterer Zielgruppen verbessern zu können. Durch das Zusammenarbeiten verschiedener Stakeholder können bestehende Angebote ausgeweitet und neue geschaffen werden. Durch Festlegung der zentralen Inhalte und weiterer Kernelemente im Rahmen der Definition ergeben sich Vorgaben für die Vermittlung von Wissen, die ebenfalls zu einheitlichen Standards beitragen.

Maßnahmen:

- Festlegung von Inhalten und weiteren Vorgaben
- Erstellung und Bereitstellung von Materialien
- Vernetzung von Stakeholdern
- Organisation von Schulungen

II.3. Qualitätsstandards für Finanzbildungsmaßnahmen

Ein zentraler Bestandteil der Strategie ist die Entwicklung von Finanzbildungsmaßnahmen zur Verbesserung der Finanzkompetenz. Zur Entwicklung und Durchführung von Finanzbildungsmaßnahmen können Expertengruppen aus Mitgliedern des Lenkungskomitees und der Finanzbildungscommunity gebildet werden. Um sicherzustellen, dass qualitativ hochwertige und wirksame Maßnahmen zur finanziellen Bildung angeboten werden, sind Qualitätsstandards festzulegen, die alle Maßnahmen, die im Rahmen der Strategie durchgeführt werden, erfüllen müssen. Durch ein entsprechendes Zertifikat können geprüfte Maßnahmen ausgewiesen werden.

Maßnahmen:

- Festlegung von Qualitätsstandards
- Entwicklung eines Zertifikats

III. Wir wollen zielgruppenspezifische Angebote zur Verbesserung der Finanzkompetenz entwickeln.

Die Strategie verfolgt das Ziel, die Finanzkompetenz der gesamten deutschen Bevölkerung zu verbessern. Um allen Personen das Finanzwissen, das in ihrer jeweiligen individuellen Situation relevant ist, zu vermitteln, werden zielgruppenspezifische Finanzbildungsmaßnahmen angeboten. Durch die zusätzliche Festlegung von Zielgruppen auf Grundlage der Ergebnisse der Diagnose wird der Heterogenität der Finanzkompetenz in Deutschland entgegengewirkt und die Chancengerechtigkeit verbessert. Um zielgerichtete Bildungsmaßnahmen anbieten zu können, werden die Bedürfnisse und Wünsche der Zielgruppen ermittelt, Expertengruppen für jede Zielgruppe gebildet, eine zielgruppenspezifische Analyse der Kompetenzrahmen durchgeführt und die Finanzbildung in Schulen gefördert.

III.1. Ermittlung der Bedürfnisse der Zielgruppen

Im Rahmen der Strategieerstellung, insbesondere im Rahmen der Diagnose, werden die Bedürfnisse und Wünsche der einzelnen Zielgruppen ermittelt. Die Ergebnisse werden regelmäßig überprüft und durch neue Erkenntnisse aktualisiert. Dadurch werden nicht nur relevante Inhalte, sondern auch bevorzugte Arten der Wissensvermittlung festgestellt. Auf diese Weise lassen sich die Maßnahmen zur Verbesserung der Finanzkompetenz effizienter und qualitativ hochwertiger durchführen. Durch den Einsatz von Multiplikatoren wird sichergestellt, eine große Anzahl an Angehörigen jeder Zielgruppe zu erreichen.

Maßnahmen:

- Durchführung zielgerichteter Befragungen
- Festlegung und Einsetzung von Multiplikatoren

III.2. Einrichtung von Expertengruppen für einzelne Zielgruppen

Die Strategie ermöglicht und fördert die Bildung von Expertengruppen für einzelne Zielgruppen und verbessert dadurch die Entwicklung sowie Durchführung zielgruppenspezifischer Maßnahmen zur finanziellen Bildung. Durch Anreizsysteme wird die Bereitschaft zur Beteiligung von Stakeholdern erhöht.

Maßnahmen:

- Analyse der Stakeholder
- Schaffung von Anreizen für die Beteiligung von Stakeholdern

III.3. Zielgruppenspezifische Analyse der Kompetenzrahmen

Das zentrale Ziel der Strategie ist die Verbesserung der Finanzkompetenz in Deutschland. Im Rahmen der Erstellung der Kompetenzrahmen in Zusammenhang mit den operativen Zielen des Zielsystems wurden bereits verschiedene Kompetenzen für Kinder und Jugendliche sowie für Erwachsene herausgearbeitet. Durch die zielgruppenspezifische Analyse können die erforderlichen Kompetenzen der einzelnen

Zielgruppen konkretisiert werden, sodass es möglich ist, die Finanzbildungsmaßnahmen bedarfsorientiert zu entwickeln.

Maßnahmen:

- Konkretisierung von Inhalten und Kernelementen für die Zielgruppen
- Zielgruppenspezifische Analyse der Kompetenzrahmen

III.4. Förderung der Finanzbildung in Schulen

Die Vermittlung von Finanzwissen sollte frühestmöglich starten. Allen Kindern und Jugendlichen muss die Chance auf eine nachhaltige Entwicklung von Finanzkompetenz ermöglicht werden. Daher kommt der Finanzbildung in der Schule eine besondere Rolle zu. Die Strategie fördert die Finanzbildung in der Schule zunächst als fächerübergreifendes Thema und setzt sich für eine feste Verankerung von finanzieller bzw. ökonomischer Bildung im Lehrplan ein. Um die Qualität der Wissensvermittlung in der Schule zu sichern, werden Schulungen für Lehrkräfte durchgeführt, und der Zugang zu Angeboten von privaten und gemeinnützigen Stakeholdern, die sich speziell an Schulen richten, wird erleichtert.

Maßnahmen:

- Kurzfristige Durchführung von Schulungen für Lehrkräfte
- Erstellung und Vermittlung von Lehrmaterialien
- Koordination von Angeboten von Stakeholdern und Nachfrage von Schulen bezüglich Finanzbildungsmaßnahmen
- Einsetzung für die Einführung eines Schulfachs „Finanzbildung"

IV. Wir wollen die Effizienz von Bildungsmaßnahmen durch Koordinierung, Austausch und Evaluierung steigern.

Für eine möglichst effektive Verbesserung der Finanzkompetenz der Deutschen kann die Strategie durch die festgelegte Governance-Struktur und die Einbindung zahlreicher öffentlicher, privater und gemeinnütziger Stakeholder auf das Fachwissen, die Erfahrung und den Zugang zur Bevölkerung verschiedenster Interessengruppen zugreifen. Evaluierungsmaßnahmen dienen dazu, die Effizienz fortlaufend zu kontrollieren und die Strategie im Gesamten, aber auch einzelne Maßnahmen oder Maßnahmenbündel fortlaufend anzupassen sowie zu optimieren. Der Austausch zwischen den Stakeholdern und die Verbindung unterschiedlicher Angebote von verschiedenen Stakeholdern ermöglichen die Erweiterung und Verbesserung von Finanzbildungsmaßnahmen. Durch die Förderung themenspezifischer Forschung wird zudem sichergestellt, dass die Umsetzung der Strategie evidenzbasiert erfolgt und gesicherte Erkenntnisse für die Weiterentwicklung der Strategie gewonnen werden.

IV.1. Überwachung und Evaluierung

Die Strategie beinhaltet ein Evaluierungskonzept, das Vorgaben für die laufende Evaluierung und Überwachung enthält. Dabei werden sowohl die Strategie als Ganzes als auch einzelne Maßnahmen im Speziellen betrachtet. Insbesondere wird die Wirksamkeit und die Reichweite überprüft, und die Strategie oder Maßnahmen werden entsprechend bewertet. Anhand der gewonnenen Informationen werden die Jahrespläne für die folgenden Jahre überarbeitet. Auch die Einhaltung des Verhaltenskodex durch die Stakeholder und der Qualitätsstandards für Finanzbildungsmaßnahmen wird überwacht, um frühzeitig eingreifen und gegensteuern zu können.

Maßnahmen:

- Festlegung von Zuständigkeiten
- Erstellung eines Evaluierungskonzeptes

IV.2. Austausch der Stakeholder

Die Strategie sieht die Einbeziehung unterschiedlicher öffentlicher, privater und gemeinnütziger Stakeholder vor. Durch den intensiven Austausch der Stakeholder untereinander und die gemeinsame Arbeit an der Entwicklung, Umsetzung und Überwachung wird die Effizienz und Qualität der Strategie verbessert, indem die Stärken der unterschiedlichen Interessengruppen genutzt und Schwachstellen durch andere Stakeholder ausgeglichen werden. Durch das Netzwerk, das im Rahmen der Finanzbildungscommunity geschaffen wird, können sich die Stakeholder bei der Entwicklung und Durchführung von Finanzbildungsmaßnahmen gegenseitig unterstützen.

Maßnahmen:

- Schaffung einer Netzwerkstruktur
- Einrichtung von Kommunikationsmöglichkeiten
- Festlegung von regelmäßigen Treffen der Gremien

IV.3. Förderung der Forschung

Durch die Einrichtung der wissenschaftlichen Arbeitsgruppe und die Förderung der Forschung zu den Themen „finanzielle Bildung“, „Finanzkompetenz“ und „finanzielles Wohlbefinden“ wird sichergestellt, dass die Entwicklung, Umsetzung und Überwachung der Strategie evidenzbasiert erfolgt und wissenschaftliche Erkenntnisse für die Weiterentwicklung der Strategie herangezogen werden. Auch die Wirksamkeit und Effizienz von Finanzbildungsmaßnahmen wird durch wissenschaftliche Erkenntnisse verbessert.

Maßnahmen:

- Formierung der wissenschaftlichen Arbeitsgruppe
- Kontaktaufnahme mit verschiedenen Hochschulen
- Generierung und Bereitstellung von Fördergeldern

Aufbauend auf dem Zielsystem sowie den strategischen Prioritäten und operativen Ansätzen können die Jahresarbeitspläne erstellt werden. Die strategischen Prioritäten und operativen Ansätze bilden den Rahmen für die Maßnahmen, die in den Jahresarbeits-plänen aufgeführt werden. Die strategischen und operativen Ziele bilden die Grundlage für den Fokus sowie die Schwerpunkte der Finanzbildungsmaßnahmen, die im Rahmen der Jahresarbeitspläne festzulegen sind.

Die Abbildung 23 zeigt eine grobe Übersicht über die gesamte Laufzeit der Strategie und die jeweiligen Schwerpunkte der einzelnen Jahresarbeitspläne auf Basis der operativen Ansätze. Die Jahresarbeitspläne können nach Ablauf des jeweiligen Jahres und der entsprechenden Evaluierung für das jeweils darauffolgende Jahr erstellt werden. Zur besseren Lesbarkeit ist die Abbildung zusätzlich online abrufbar.[i]

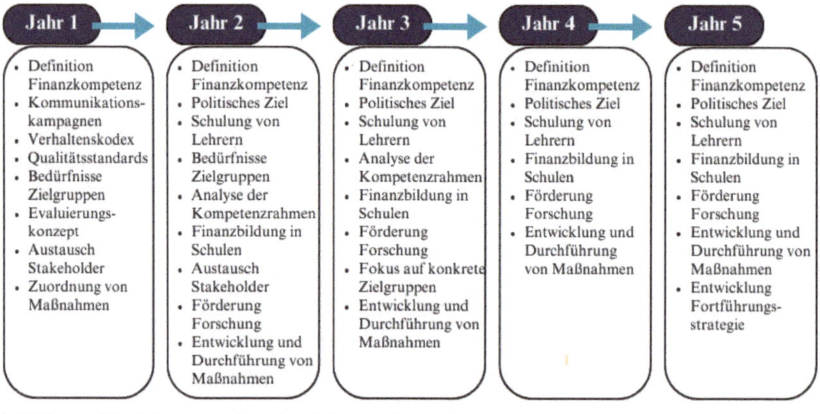

Abbildung, 23: Schwerpunkte der Jahresarbeitspläne

Im ersten Jahr der Strategieumsetzung liegt der Fokus auf der Erstellung weiterer relevanter Bestandteile der Strategie, wie den Leitlinien für die Stakeholder oder dem Evaluierungskonzept. Darüber hinaus sollen bereits bestehende Maßnahmen zur Finanzbildung der Strategie

---

[i] Weitere Informationen sind unter folgendem Link zu finden: www.degefin.de/aufbruch-fibi/arbeitsplaene

zugeordnet werden. Im zweiten Jahr der Strategieumsetzung sollen zusätzliche Maßnahmen entwickelt und umgesetzt werden. Außerdem wird im zweiten und dritten Jahr die zielgruppenspezifische Arbeit in den Vordergrund gerückt. Dazu sollen die Kompetenzrahmen mit Blick auf die einzelnen Zielgruppen analysiert werden und ab dem dritten Jahr zielgruppenspezifische Finanzbildungsmaßnahmen entwickelt und durchgeführt werden. Im Anschluss an die Evaluierung der Gesamtstrategie nach dem zweiten Jahr kann im dritten Umsetzungsjahr der Fokus auf einzelne Zielgruppen gerichtet werden, deren Bedarf besonders hoch ist. Die operativen Ansätze bezüglich der Definition der Finanzkompetenz, des zentralen politischen Ziels, der Schulung von Lehrkräften, Finanzbildung in Schulen und der Förderung der Forschung sind langfristige Aufgaben und sollen in allen Jahren der Umsetzung als Schwerpunkt betrachtet werden. Im letzten Jahr der Umsetzung ist daneben auch bereits die Entwicklung einer Fortführungsstrategie zu beachten. Die Ausrichtung der neuen Strategie soll evidenzbasiert erfolgen. Hierzu können die Ergebnisse der Evaluierungen dienen. Eine Folgestrategie kann sich beispielsweise konkreter und intensiver auf einzelne Zielgruppen oder spezielle Aspekte der Kompetenzrahmen beziehen.

Für die Aufstellung eines detaillierten Jahresarbeitsplans werden der Fokus und die Schwerpunkte der Finanzbildungsmaßnahmen festgelegt sowie die einzelnen Maßnahmen der verschiedenen operativen Ansätze berücksichtigt. Zur besseren Übersicht sind die Maßnahmen den jeweiligen strategischen Prioritäten zugeordnet. Die Tabelle 5 zeigt den Jahresarbeitsplan für das erste Jahr der Umsetzung.

Tabelle 5: Jahresarbeitsplan Jahr 1

Jahresarbeitsplan: Jahr 1

Fokus:
- Bekanntheitsgrad der Strategie erhöhen
- Elemente der Strategie in Zusammenarbeit mit den Stakeholdern erstellen
- Finanzbildungsmaßnahmen zuordnen und entwickeln

Schwerpunkte der Finanzbildungsmaßnahmen:
- Basiswissen vermitteln
- Grundlagen zur Entwicklung/Verbesserung der Finanzkompetenz vermitteln
- Fokus auf Finanzwissen und Money-Mindset

Strategische Priorität	Maßnahmen	Zeitraum
Wir wollen Bewusstsein für die Relevanz von Finanzbildung schaffen.	Normierung der Definition für Finanzkompetenz	1. bis 2. Quartal
	Festlegung von inhaltlichen Schwerpunkten und Kernelementen der Finanzkompetenz	1. bis 2. Quartal
	Entwicklung des Rahmens für Kommunikationskampagnen	2. bis 3. Quartal
	Ermittlung von Multiplikatoren	2. bis 3. Quartal
	Erstellung der Website	1. bis 3. Quartal
Wir wollen qualitativ hochwertige Finanzbildungsmaßnahmen anbieten.	Aufstellung des Verhaltenskodex	1. bis 2. Quartal
	Entwicklung von Qualitätsstandards	1. bis 3. Quartal
	Entwicklung des Zertifikats	3. bis 4. Quartal
Wir wollen zielgruppenspezifische Angebote zur Verbesserung der Finanzkompetenz entwickeln.	Durchführung zielgerichteter Befragungen	1. bis 3. Quartal
	Analyse der Stakeholder	2. bis 3. Quartal
	Schaffung von Anreizen zur Beteiligung von Stakeholdern	3. bis 4. Quartal
Wir wollen die Effizienz von Bildungsmaßnahmen durch Koordinierung, Austausch und Evaluierung steigern.	Festlegung der Zuständigkeiten für die Evaluierung	1. bis 2. Quartal
	Entwicklung des Evaluierungskonzepts	3. bis 4. Quartal
	Schaffung einer Netzwerkstruktur	1. bis 2. Quartal
	Festlegung von Treffen der Gremien	1. bis 2. Quartal
Allgemein	Erhebung bestehender Finanzbildungsmaßnahmen	2. bis 4. Quartal
	Entwicklung neuer Finanzbildungsmaßnahmen	3. bis 4. Quartal

8 Leitlinien für Stakeholder

Die Zusammenarbeit mit zahlreichen unterschiedlichen Stakeholdern ist das Kernelement der nationalen Finanzbildungsstrategie in Deutschland. Wie bereits im vorherigen Kapitel aufgeführt, werden nicht nur öffentliche, sondern auch private und gemeinnützige Organisationen und Institutionen an der Entwicklung, Umsetzung und Überwachung der Strategie beteiligt. Für eine erfolgreiche und effiziente

Arbeit ist es daher wichtig, gemeinsame Regeln und Verhaltensweisen zu vereinbaren, die für alle beteiligten Stakeholder verpflichtend sind. Im Idealfall werden die Leitlinien sowie die Vorgaben zur Qualitätssicherung und das Evaluierungskonzept in Zusammenarbeit mit den unterschiedlichen Stakeholdern im Rahmen der Strategieentwicklung oder erst im Rahmen der Strategieumsetzung aufgestellt. Dies wird schon daraus deutlich, dass die Leitlinien in den Jahresarbeitsplänen aufgeführt werden. Gleichwohl werden alle drei Aspekte im Rahmen dieser Arbeit aufgegriffen, um eine vollständige Strategie zu entwickeln.

Die Leitlinien für die Stakeholder sind sowohl mit dem Leitbild der Strategie als auch mit den Vorgaben zur Qualitätssicherung der Finanzbildungsmaßnahmen eng verbunden und weisen einige Schnittmengen auf. Alle an der Entwicklung und Umsetzung der Strategie beteiligten Interessengruppen müssen die im Leitbild verankerten Werte mittragen und die Vision und Mission durch ihr Handeln und Verhalten unterstützen. Darüber hinaus sind die im Rahmen der Strategie aufgestellten Ziele zu beachten und dürfen nicht aufgrund von eigenen, entgegenstehenden Zielen missachtet werden. Die Verbesserung der Finanzkompetenz und des finanziellen Wohlbefindens der einzelnen Zielgruppen sowie der gesamten deutschen Bevölkerung muss, insbesondere bei der Entwicklung und Umsetzung von Finanzbildungsmaßnahmen, im Vordergrund stehen. Das heißt, dass Finanzbildungsmaßnahmen und -programme jederzeit getrennt von Verkaufsgesprächen durchzuführen sind und keine Werbezwecke oder sonstige den Zielen der Strategie entgegenstehende Zwecke verfolgt werden dürfen.

Für eine effiziente und gewinnbringende Zusammenarbeit müssen die festgelegte Governance-Struktur sowie die Zuständigkeiten und Verantwortlichkeiten der einzelnen Gremien von allen Stakeholdern beachtet werden. Durch eine transparente und offene Arbeit der einzelnen Stakeholder können die Netzwerkstrukturen positiv genutzt und Best-Practice-Beispiele mit anderen Interessengruppen geteilt werden.

Zudem sollten alle beteiligten Stakeholder offen für Veränderungen sein. Im Rahmen der Evaluierung werden sowohl die Strategie im Gesamten als auch einzelne Finanzbildungsmaßnahmen überprüft und ggf. Anpassungsnotwendigkeiten festgestellt. Durch eine regelmäßige Überprüfung und Anpassung wird ein hohes Maß an Qualität und Effizienz der Maßnahmen sichergestellt. Diese Überprüfungen und Anpassungen müssen von den Stakeholdern unterstützt werden, sofern die Maßnahmen weiter im Rahmen der nationalen Strategie für Finanzbildung angeboten werden sollen.

Aus den dargelegten Ausführungen lassen sich folgende Leitlinien für Stakeholder ableiten:

1. Wir beachten das formulierte Leitbild der nationalen Finanzbildungsstrategie in Deutschland und teilen die darin verankerten Werte.
2. Wir bieten in unserer Arbeit und unseren Angeboten keinen Platz für Sexismus, Rassismus oder sonstige Formen der Diskriminierung.
3. Wir verfolgen die im Rahmen der Strategie aufgestellten Ziele, insbesondere das Ziel der Verbesserung des finanziellen Wohlbefindens der deutschen Bevölkerung.
4. Die Vermittlung von Finanzwissen und weiteren Aspekten zur Verbesserung der Finanzkompetenz steht bei unserer Arbeit in Zusammenhang mit der Strategie im Vordergrund.
5. Wir verfolgen in unserem Handeln im Rahmen der Strategie keine Werbezwecke oder eigene Interessen, die der Strategie entgegenstehen.
6. Wir beachten die Trennung von Maßnahmen zur Finanzbildung und Verkaufs- oder Vermittlungsgesprächen.

7. Wir beachten die festgelegte Governance-Struktur sowie die Verantwortlichkeiten und Zuständigkeiten der einzelnen Gremien.
8. Wir arbeiten transparent und offen und teilen unsere Best-Practice-Beispiele mit anderen Stakeholdern.
9. Wir vernetzen uns mit anderen Stakeholdern und arbeiten gemeinsam an der Entwicklung und Durchführung von Finanzbildungsmaßnahmen.
10. Wir sind offen für Veränderungen und Anpassungsbedarfe, die sich im Rahmen der Evaluierung ergeben.

9 Vorgaben zur Qualitätssicherung

Die Vorgaben zur Qualitätssicherung beziehen sich auf Finanzbildungsmaßnahmen, die im Rahmen der Finanzbildungsstrategie entwickelt und/oder durchgeführt werden. Sie sind, wie die Leitlinien für die Stakeholder, verpflichtend einzuhalten. Alle Maßnahmen sind vor, aber auch während ihrer Umsetzung regelmäßig, insbesondere im Hinblick auf die Einhaltung der Vorgaben, zu überprüfen. Maßnahmen, die allen Kriterien entsprechen, können mit einem Zertifikat ausgestattet werden, durch das sie der nationalen Finanzbildungsstrategie in Deutschland zugeordnet werden. Dadurch wird für (potenzielle) Teilnehmer eine Vertrauensbasis und Transparenz geschaffen und die Glaubwürdigkeit der jeweiligen Maßnahme gestärkt.[171] Hierzu kann auch auf bereits bestehende Zertifikate zurückgegriffen werden. Die DEFINO Institut für Finanznorm AG erarbeitet derzeit in Zusammenarbeit mit der Deutschen Gesellschaft für Finanzkompetenz DeGeFin eG ein Pilotprojekt zur Zertifizierung von Anbietern und Maßnahmen zur finanziellen Bildung, das als Grundlage für ein Zertifikat der Finanzbildungsstrategie herangezogen werden kann.[172]

Die angebotenen Finanzbildungsmaßnahmen müssen „leicht zugänglich, barrierefrei, mehrperspektivisch und multiparadigmatisch, ausgewogen, transparent und gut verständlich"[173] sein und den im

Leitbild der Strategie verankerten Werten entsprechen. Die Inhalte, Methodik und Materialien von Finanzbildungsmaßnahmen müssen im Interesse der Verbraucher und der Lernenden entwickelt werden und neben Fachwissen und weiteren kompetenzbezogenen Aspekten auch die Rechte und Pflichten von Finanzkunden umfassen.[174] Sowohl die Inhalte als auch die Methodik der Materialien sind auf die jeweilige Zielgruppe abzustimmen. Dabei ist es erforderlich, auch die wirtschaftlichen, kulturellen und sprachlichen Umstände zu berücksichtigen.[175]

Darüber hinaus sind die Finanzbildungsmaßnahmen von qualifizierten und entsprechend geschulten Fachkräften durchzuführen. Hier ist es wichtig, pädagogische Standards einzuhalten und die aufgestellten Kompetenzrahmen zu beachten. Das übergeordnete Ziel der Finanzbildungsmaßnahmen muss die Verbesserung der Finanzkompetenz der Teilnehmer sein.

Die OECD/INFE empfiehlt außerdem, dass neu entwickelte Finanzbildungsmaßnahmen von privaten oder gemeinnützigen Akteuren zunächst im Rahmen einer Pilot- oder Versuchsphase getestet werden.[176] Von einer zusätzlichen entsprechenden Testphase für einzelne Maßnahmen kann im Rahmen der vorliegenden nationalen Strategie abgesehen werden, sofern die Wirksamkeit der Finanzbildungsmaßnahmen auf andere Weise bestätigt wird, da hierzu in der Regel Testungen notwendig sind und diese ggf. vorher bereits durchgeführt wurden.

Insgesamt lassen sich folgende Vorgaben zur Qualitätssicherung der Finanzbildungsmaßnahmen festhalten:

1. Das übergeordnete Ziel aller Maßnahmen ist die Verbesserung der Finanzkompetenz in Deutschland.
2. Die Maßnahmen sind leicht zugänglich, barrierefrei, mehrperspektivisch und multiparadigmatisch, ausgewogen, transparent und gut verständlich.

3. Die Maßnahmen entsprechen den im Leitbild verankerten Werten.
4. Die Maßnahmen werden im Interesse der Verbraucher und Lernenden entwickelt.
5. Der Inhalt, die Methodik und die Materialien der Maßnahmen werden an die jeweilige Zielgruppe angepasst.
6. Die Maßnahmen werden von qualifizierten Fachkräften durchgeführt.
7. Bei der Durchführung der Maßnahmen werden pädagogische Standards eingehalten.
8. Die Kompetenzrahmen der Strategie werden bei der Entwicklung von Maßnahmen beachtet.
9. Vor der Durchführung von Maßnahmen im Rahmen der Finanzbildungsstrategie wird ein Nachweis über deren Wirksamkeit erbracht.
10. Die Maßnahmen werden regelmäßig im Hinblick auf die Einhaltung der Vorgaben sowie ihre Effizienz und Wirksamkeit überprüft und im Bedarfsfall umgehend angepasst.

10 Evaluierungskonzept

Das Evaluierungskonzept gehört zu den wichtigsten Elementen der Strategie. Die Evaluierung der Gesamtstrategie sowie einzelner Maßnahmen ist essenziell, um wichtige Erkenntnisse zur Optimierung zu erlangen und eine langfristige Nachhaltigkeit im Bereich der Finanzbildung sicherzustellen. Dadurch wird eine effektive Fehler- und Lernkultur ermöglicht. Auf Grundlage der Ergebnisse der Evaluierung können Anpassungen einzelner Maßnahmen oder der Gesamtstrategie vorgenommen und dadurch die Wirksamkeit und der Erfolg der Strategie verbessert werden.

10.1 Evaluierungskonzepte anderer Länder

In Strategien anderer Länder werden verschiedene Schwerpunkte bei der Evaluierung festgelegt. Im Rahmen der Strategie für Australien soll die Wirkung der Strategie auf das individuelle Wissen, das individuelle Verhalten, das finanzielle Wohlbefinden Einzelner und das finanzielle Wohlbefinden der Gesellschaft gemessen werden.[177] Ein vergleichbarer Fokus wird auch bei der neuseeländischen Strategie gesetzt. Hier soll überprüft werden, inwieweit sich das Wissen und Verhalten der Neuseeländer durch die Strategie verbessert hat. Die Ergebnisse werden genutzt, um zu beurteilen, ob die Strategie wirksam ist oder ob einzelne Projekte oder Programme eine Verbesserung benötigen.[178] Auch in Armenien soll im Rahmen einer Überprüfung der Finanzkompetenz vor und nach Durchführung der Strategie gemessen werden, ob eine Verbesserung erzielt wurde.[179] In Indien hingegen umfasst die Evaluierung die Bewertung der Steuerungs-, Koordinierungs- und Überwachungsmechanismen der Umsetzungsmethoden, die Rolle der Interessengruppen und die Auswirkungen von Kommunikations- und Werbeplänen.[180] Im Gegensatz zu den zuvor dargestellten Evaluierungen verschiedener Strategien wird die Evaluierung hierbei als umfassender Prozess zur Ermittlung der Zielerreichung der Strategie verstanden. Auch in der niederländischen Strategie wird die Evaluierung als fortlaufender Prozess verstanden. Auf Grundlage der Jahresarbeitspläne sollen jährlich die Reichweite sowie die Wirkung von Finanzbildungsmaßnahmen auf das Wissen, die Einstellung und das Verhalten der Niederländer gemessen und bewertet werden.[181] Die Finanzbildungsstrategie für Österreich sieht eine Überwachung der einzelnen Finanzbildungsprogramme sowie die „Überwachung des Gesamtfortschritts und eine Evaluierung der durch die Strategie erzielten Auswirkungen"[182] vor. Die Überwachung der Gesamtstrategie erfolgt auf Grundlage der Jahresarbeitspläne und der darin festgelegten Leistungsindikatoren sowie durch Erhebungen zum Finanzbildungsstatus der österreichischen Bevölkerung.[183]

Das Evaluierungskonzept muss konkret für die jeweilige Strategie erstellt und an die entsprechenden Besonderheiten angepasst werden. Da die Ziele und strategischen Prioritäten und Ansätze für die nationale Strategie zur Verbesserung der Finanzbildung in Deutschland individuell festgelegt wurden, kann auch das Evaluierungskonzept nur in geringem Maße auf Grundlage der Daten internationaler Finanzbildungsstrategien erstellt werden. Daher wurden diese lediglich zur Orientierung herangezogen.

10.2 Übertragung auf Deutschland

Die OECD/INFE sieht einen dreiteiligen Evaluierungsprozess vor. Im ersten Schritt muss die Evaluierung geplant werden. Dabei sind sowohl der Zweck, die Art und der Umfang der Evaluierung festzulegen. Im nächsten Schritt folgt die Umsetzung. Darunter fällt nicht nur die Erhebung der Daten, sondern auch deren Analyse und Interpretation. Der dritte Schritt entspricht der Berichterstattung und Nutzung der Evaluierungsergebnisse.[184]

Im Rahmen der nationalen Finanzbildungsstrategie in Deutschland sollen verschiedene Aspekte evaluiert werden. Unter anderem soll die Gesamtstrategie fortlaufend überwacht und bewertet werden. Dazu wird insbesondere das Erreichen der operativen und strategischen Ziele überprüft. Für die operativen Ziele ist es wichtig, dass Indikatoren zur Messung und Zielwerte festgelegt werden, anhand derer der Umsetzungsstand gemessen wird. Zusätzlich wird festgelegt, wie die Wirksamkeit und der Erfolg der Strategie im Gesamten gemessen werden können. Die Vision der Strategie und damit das übergeordnete Ziel bezieht sich auf die Verbesserung des finanziellen Wohlbefindens der Deutschen durch eine Verbesserung der Finanzkompetenz. Im Rahmen der Diagnose und in den Evaluierungsprozessen müssen weitverbreitete Erhebungen der Finanzkompetenz in Deutschland durchgeführt werden. Dabei müssen das Finanzwissen, aber auch das Finanzverhalten und die Einstellung zu Finanzthemen abgefragt werden. Eine

Möglichkeit hierzu wäre der Fragebogen der OECD/INFE[185]. Durch eine regelmäßige Abfrage nach dem gleichen Schema können Veränderungen der Finanzkompetenz festgestellt werden. Hierbei sollte auch eine Differenzierung nach verschiedenen sozio-demografischen Faktoren vorgenommen werden, um besondere Handlungsbedarfe auch während der Strategieumsetzung zu erkennen. Um den Stand der Finanzkompetenz von Schülerinnen und Schülern festzustellen, sollte sich Deutschland an der PISA-Studie zur Finanzkompetenz beteiligen. Die nächste Erhebung erfolgt jedoch erst im Jahr 2025.[186] Insofern sollte bereits zuvor eine Befragung an Schulen durchgeführt werden.

Zur Erstellung eines Fragebogens zur Erhebung der Finanzkompetenz über den Fragebogen der OECD/INFE hinaus können auch die Kompetenzrahmen herangezogen werden. Hier bietet es sich an, eine Bewertungsskala zu entwickeln, ab wie vielen Punkten oder korrekt beantworteten Fragen eine Person als finanziell kompetent eingestuft wird. Es ist allerdings zu beachten, dass nur die Kompetenzen der Kategorie Wissen und Verständnis konkret abgefragt werden können. Die Kompetenzen der Kategorien Fähigkeiten und Fertigkeiten sowie Selbstbewusstsein, Motivation und Money-Mindset können in dem Fall lediglich durch Selbsteinschätzungen erhoben werden. Zusätzlich können weitere finanzbezogene Daten, beispielsweise über das Vermögen, Spar- und Verschuldungsquoten oder Anlagepräferenzen, erhoben werden, um Informationen über mögliche Verhaltensänderungen zu erlangen.

Neben der Verbesserung der Finanzkompetenz der in Deutschland lebenden Personen zeichnet sich der Erfolg der Strategie auch durch ihre Bekanntheit in der Bevölkerung aus. Im Rahmen der Evaluierung sollte daher auch abgefragt werden, ob die Befragten die Strategie kennen und ob sie an Finanzbildungsmaßnahmen teilgenommen haben, die im Rahmen der Strategie angeboten wurden.

Die Tabelle 6 enthält entsprechende Kriterien, die durch qualitative und quantitative Erhebungen gesammelt werden sollten, um die Entwicklung der Strategie beurteilen zu können. Die Erhebung kann beispielsweise durch statistische Ermittlungen oder Umfragen erfolgen.

Tabelle 6: Kriterien für die Beurteilung der Entwicklung der Strategie

Kriterien für die Beurteilung der Entwicklung der Strategie
Bekanntheitsgrad der Strategie in %
Aufrufe der Website pro Jahr in Mio.
Teilnehmende an Finanzbildungsmaßnahmen pro Jahr in Tsd.
Beteiligte Stakeholder
Zugeordnete Maßnahmen (kumulativ)
Davon im Rahmen der Strategie neu entwickelte Maßnahmen (kumulativ)

Darüber hinaus soll jährlich die Bearbeitung der Jahresarbeitspläne evaluiert werden. Dabei wird vor allem die Umsetzung der Maßnahmen überprüft. Zusätzlich werden weitere Daten erhoben, die Aufschluss darüber geben, ob der jeweilige Fokus des Jahresarbeitsplans erreicht wurde. Dazu können die operativen Ziele herangezogen werden. Aus dem Jahresarbeitsplan für das erste Umsetzungsjahr geht hervor, dass zunächst die Steigerung der Bekanntheit der Strategie und die Erstellung weiterer Elemente in Zusammenarbeit mit den Stakeholdern im Vordergrund stehen. Außerdem sollen bereits bestehende Finanzbildungsmaßnahmen der Strategie zugeordnet und weitere Maßnahmen zur finanziellen Bildung entwickelt werden. Dabei sollen vor allem Basiswissen und Grundlagen zur Verbesserung der Finanzkompetenz vermittelt werden. Der Fokus soll hierbei auf den operativen Zielen liegen, die das Finanzwissen oder das Money-Mindset betreffen. Das Zielsystem inklusive Möglichkeiten zur Erhebung der Zielerreichung sowie der Zielwerte für das erste Jahr der Strategieumsetzung wird online zur Verfügung gestellt. Diese Aufstellung kann als Grundlage zur Evaluierung dienen. Bei der Erhebung sind die entsprechenden sozio-demografischen Merkmale zu erfassen, um die befragten Personen den jeweiligen Zielgruppen zuordnen zu können.

Außerdem sind einzelne Maßnahmen hinsichtlich ihrer Wirksamkeit, Effizienz und Reichweite zu überprüfen. Hierzu eignen sich neben Befragungen von Stakeholdern und Teilnehmenden von Bildungsmaßnahmen auch Fokusgruppen, die über einen längeren Zeitraum begleitet und regelmäßig interviewt werden. Dadurch lassen sich sowohl kurzfristige als auch langfristige Ergebnisse erheben. Auch die Einhaltung der Vorgaben zur Qualitätssicherung gilt es fortlaufend zu kontrollieren, ebenso wie die Leitlinien für Stakeholder. Die entsprechende Überprüfung sollte unabhängig von den zuvor dargestellten Evaluierungen erfolgen und ist vom Lenkungskomitee regelmäßig durchzuführen.

Die Ergebnisse der Evaluierungen der Gesamtstrategie, der Jahresarbeitspläne sowie einzelner Maßnahmen sollen zunächst im Finanzbildungsrat und anschließend im Lenkungskomitee diskutiert und weiterverarbeitet werden. Mit den gewonnenen Erkenntnissen sollen die Jahresarbeitspläne erstellt bzw. überarbeitet und angepasst sowie neue Zielwerte für die operativen Ziele festgelegt werden. Anschließend sind die Ergebnisse in einem Evaluierungsbericht sowohl der Finanzbildungscommunity als auch der Bevölkerung und der Regierung zur Verfügung zu stellen. Die Tabelle 7 zeigt, in welchen Abständen die verschiedenen Evaluierungen stattfinden und welche Methoden angewandt werden sollen. Auch die jeweilige Zuständigkeit ist ersichtlich.

Tabelle 7: Übersicht Evaluierungen

Evaluierung	Turnus	Methode	Zuständigkeit
Überprüfung der Gesamtstrategie	Alle zwei Jahre und am Ende des Umsetzungs-zeitraums	• Befragungen • quantitative und qualitative Erhebungen • Umfragen • Analyse von Studien	• Finanzbildungsrat • Lenkungskomitee • wissenschaftliche Arbeitsgruppe • Externe
Überprüfung der Jahresarbeitspläne	Jährlich	• Befragungen • quantitative und qualitative Erhebungen	• Finanzbildungsrat • Lenkungskomitee • wissenschaftliche Arbeitsgruppe
Überprüfung einzelner Maßnahmen	Halbjährlich	• Befragungen • Fokusgruppen	• Lenkungskomitee • Stakeholder
Überprüfung der Einhaltung der Qualitätsstandards und Leitlinien	Fortlaufend	• Beobachtungen • quantitative und qualitative Erhebungen	• Lenkungskomitee

Teil 3: Die neue Finanzwelt - warum das Thema „Finanzbildung“ uns alle angeht

Kapitel 6: Finanzielle Bildung für alle - eine Utopie?

„The day before something is truly a breakthrough, it's a crazy idea.“

Peter Diamandis

Im ersten Teil des Buches haben wir dargelegt, wie wichtig die Einführung einer nationalen Finanzbildungsstrategie ist. Auf Grundlage dieser Ausführungen haben wir im zweiten Teil des Buches ein Beispiel für eine mögliche nationale Strategie zur Verbesserung der finanziellen Bildung und der Finanzkompetenz in Deutschland erarbeitet. Doch die Erstellung der Strategie alleine ist nicht ausreichend. Um zu erreichen, dass sich die Strategie tatsächlich auf die Bevölkerung in Deutschland und deren Wohlbefinden auswirkt und einen Einfluss auf die finanzielle Bildung in Deutschland erzielen kann, ist die Umsetzung der maßgebliche Faktor. Dazu ist es entscheidend, die Stakeholder zu erreichen und zur Mitwirkung zu inspirieren. Aber auch Privatpersonen, an die sich die Strategie letztlich richtet, müssen angesprochen und inspiriert werden, um an Finanzbildungsmaßnahmen teilzunehmen und damit zur Umsetzung der Strategie beizutragen. Die zentrale Vision der Strategie ist die Steigerung des finanziellen Wohlbefindens aller Menschen in Deutschland. Dafür ist die Verbesserung der eigenen Finanzkompetenz, beispielsweise durch die Teilnahme an zielgruppenspezifischen Finanzbildungsmaßnahmen, eine Grundvoraussetzung. Dementsprechend müssen im Rahmen der Strategie unterschiedliche Angebote gemacht werden, damit jeder an Maßnahmen teilnehmen kann, die auf die individuelle Situation und die persönlichen Interessen und Wünsche zugeschnitten sind. Denn ohne die Umsetzung der Strategie werden in Deutschland weiterhin zahlreiche Personen aufgrund mangelnder Finanzkompetenz benachteiligt sein.

Und mangelnde Finanzkompetenz wirkt sich nachweislich negativ auf das finanzielle Wohlbefinden und die allgemeine finanzielle Situation aus. Wenn wir annehmen, dass die nationale Finanzbildungsstrategie für Deutschland zwar erstellt, anschließend jedoch nicht implementiert und umgesetzt wird, sondern bildlich gesprochen in einer Schublade verschwindet, hätte dies drastische Folgen für große Teile der deutschen Bevölkerung. Finanzielle Bildung und die daraus resultierende Finanzkompetenz sind erforderlich, um Entscheidungen treffen zu können, die eine Verminderung des Lebensstandards verhindern können.

Die Herausforderungen, die allein unser Rentensystem mit den derzeitigen Rahmenbedingungen für jeden Einzelnen und für unsere Gesellschaft insgesamt mit sich bringt, sind immens. Deutschland ist mit seiner umgekehrten Alterspyramide eines der ältesten Länder in Europa und setzt hinsichtlich der Altersvorsorge zu weiten Teilen auf den umlagefinanzierten Generationenvertrag. Doch das ist eine toxische Kombination. Allein diese Tatsache macht es erforderlich, finanzielle Bildung in die breite Bevölkerung zu bringen: Wir müssen gewährleisten, dass die Menschen mit diesem Wissen informierte und bewusste Entscheidungen hinsichtlich ihrer finanziellen Planung für das Alter treffen können. Das Rentenniveau, welches das Verhältnis der Rente eines „Standardrentners" nach 45 Beitragsjahren zum durchschnittlichen Arbeitnehmereinkommen beschreibt, liegt derzeit bei knapp über 48%. Finanzielle Bildung hilft dabei, zu verstehen, wie hoch die individuelle Rentenlücke zukünftig sein kann und welche Optionen in Zeiten von historisch niedrigen Realzinsen für den Einzelnen bestehen. Ein weiterer wichtiger Punkt für die persönliche Altersvorsorge ist das Begreifen des Zusammenhangs von Risiko und Rendite. Zudem ist es wichtig zu erkennen, welche Rolle der zeitliche Horizont bei finanziellen Entscheidungen spielt und dass diese so frühzeitig wie möglich getroffen werden müssen, um möglichst viel Wirkung erzielen zu können. All dies ist einerseits für das individuelle Wohlbefinden relevant, andererseits jedoch auch eine gesamtgesellschaftliche Notwendigkeit, wenn das Sozialsystem nicht an die Grenzen seiner Belastung getrieben werden soll.

Doch unser Rentensystem und die daraus folgenden finanziellen Herausforderungen sind nur ein Themenfeld, in dem finanzielle Bildung wirken muss. Ein weiteres Thema sind Schulden und Kredite. Die Ergebnisse des SchuldnerAtlas sind eindeutig. Noch immer sind rund 8,5% der deutschen Bevölkerung verschuldet. In der Kohorte der 18–30-Jährigen ist die Anzahl überschuldeter Personen sogar gestiegen.[187] Junge Menschen haben (nicht erst) ab dem 18. Geburtstag sehr einfache Möglichkeiten, sich zu verschulden: Konsumkredite, 0%-Finanzierung, Dispo. Für einen verantwortungsbewussten Umgang mit den zahlreich vorhandenen Optionen (und Risiken) ist eine grundlegende finanzielle Bildung unerlässlich. Der bewusste Umgang mit Risiken ist ein weiteres Themenfeld. Hier können finanziell gebildete Personen existenzgefährdende Risiken mit Hilfe von bewusst gewählten Versicherungen absichern und auslagern. Wenn sie das nicht tun, können von heute auf morgen finanziell und existenziell bedrohliche Situationen eintreten, die mit Hilfe der passenden Absicherung abgewendet worden wären. Auch beim täglichen Umgang mit Geld entscheiden oftmals finanzielle Grundkenntnisse, ob das verfügbare Einkommen ausreicht oder nicht. Nicht selten sind es kleine Stellschrauben, die auch hier einen großen Unterschied machen.

Doch auch bei Personen oder Personengruppen, die über ein attraktives Einkommen verfügen oder ein großes Vermögen besitzen, hilft finanzielle Bildung dabei, informierte und bewusste Entscheidungen zu treffen, die eine große Wirkung haben können. Denn mangelndes Finanzwissen führt nicht nur zu schlechten Entscheidungen, sondern ist auch einer der größten Stressfaktoren, unabhängig von der Höhe des Einkommens. Unsicherheit und Unwissenheit sowie ein fehlender Überblick über die eigenen Finanzen führen zu finanziellem Stress und damit auch oft zu eingeschränkter Leistungsfähigkeit. Adäquate Finanzbildung kann hier dazu führen, ein Bewusstsein für die eigenen Möglichkeiten, aber auch Risiken zu entwickeln und zielorientierte Finanzentscheidungen für die Gegenwart und Zukunft zu treffen, so dass das gesamte Thema Finanzen nicht mehr als Stress, sondern als begleitendes unterstützendes Lebensthema gesehen wird.

Wenn jedoch eine nationale Finanzbildungsstrategie für Deutschland erfolgreich implementiert und nachhaltig und effizient umgesetzt wird, können im Laufe der kommenden Jahre die Finanzkompetenz und das finanzielle Wohlbefinden der deutschen Bevölkerung in hohem Maße verbessert werden. An dieser Stelle soll ein kleiner Ausblick auf diese positive Entwicklung gegeben werden. Wir wollen den Wunschzustand der finanziell gebildeten Bevölkerung in Deutschland abbilden, indem wir Ergebnisse von Studien zu den Auswirkungen mangelnder Finanzbildung umdrehen und beschreiben, wie eine entsprechende Utopie in Deutschland aussehen könnte.

Im ersten Teil des Buches haben wir für die drei Zielgruppen Schüler*innen, Studierende und Arbeitnehmer*innen Moonshots aufgestellt, um einen utopischen Zustand zu beschreiben, der durch ausreichende, zielgruppenspezifische Finanzbildung erreicht werden könnte. Die Situation für die drei Zielgruppen könnte sich bei einer nachhaltigen und effizienten Umsetzung der nationalen Finanzbildungsstrategie in den kommenden Jahren wie nachfolgend erläutert gestalten. Die Ausführungen beschreiben einen utopischen Ist-Zustand in einigen Jahren, beispielsweise aus dem Jahr 2034. Das Kapitel schließt mit einer Pressemitteilung, ebenfalls aus dem Jahr 2034, die einen Rückblick auf die Jahre der Umsetzung der Strategie gewährt.

Utopie „Schüler*innen" im Jahr 2034

Nahezu alle Schülerinnen und Schüler in Deutschland erfahren Finanzbildung in der Schule. Durch das hohe Engagement von Schulleitungen und Lehrkräften wird bereits in der Grundschule mit Hilfe von Unterrichtsmaterialien und Gamification-Effekten eine hohe Durchdringung erreicht. Durch die Bereitstellung von Materialien und den Austausch auf der Plattform der Initiative „Aufbruch finanzielle Bildung" können Lehrangebote auf einfache Art und Weise geteilt werden. Die Vernetzung von Schulleitungen und Lehrkräften führt zu einem wertvollen Erfahrungsaustausch und ermöglicht auf diese Weise vielen Kindern einen Zugang zu Lernerfahrungen, die eine positive Einstellung zum Thema „Geld" mit sich bringen. Doch nicht nur die Lehrkräfte, auch die Schülerinnen und Schüler haben Zugriff auf die Plattform der Initiative. Darüber können sie je nach Alter und Lebenssituation individuell passende Lerninhalte und Informationen zu verschiedenen Themenbereichen abrufen und die Möglichkeit zu lebenslangem Lernen nutzen.

Die Verankerung von finanzieller Bildung im Speziellen und ökonomischer Bildung im Allgemeinen im Unterricht erfolgte zunächst in Form von Projekten und durch die Integration der Inhalte in bereits bestehende Unterrichtsfächer. Zu Beginn des Schuljahres 2030 wurde das Schulfach Wirtschaft in allen Schulformen und allen Bundesländern als eigenständiges Nebenfach eingeführt. Dabei erfüllt es alle Voraussetzungen, die an ein Nebenfach gestellt werden. Insbesondere die Aus- und Weiterbildung der Lehrkräfte wurde mitgedacht und ein entsprechendes Konzept für Hochschulen entwickelt.

Doch Schülerinnen und Schüler werden nicht nur seitens der Schule und durch ihre Lehrkräfte in Bezug auf finanzielle Bildung unterstützt, sondern auch durch ihre Eltern. Diesen kommt nach wie vor eine Doppelrolle zu, der sich ein Großteil auch bewusst ist. Zum einen sind sie für die eigenen individuellen und familiären Finanzen verantwortlich und schaffen damit die Grundlage für ihre gegenwärtige und zukünftige finanzielle Situation. Zum anderen sind sie Vorbilder für ihre Kinder im Hinblick auf finanzielle Erfahrungen und Einstellungen. Durch spielerische Lernangebote für Kinder und Jugendliche können diese mit der Unterstützung der eigenen Familie erste Zusammenhänge in Bezug auf die Themen „Geld“ und „Finanzen“ lernen und dadurch eine solide Grundlage für ihr Leben erlangen. Es ist daher essenziell, auch frühe Lebensphasen in Bezug auf die finanzielle Bildung mitzudenken.

Um einen offenen Umgang mit finanziellen Themen zu fördern, gibt es spezifische Angebote für Eltern und für die gesamte Familie. Beispielsweise wurden gezielte Elternprogramme für finanzielle Bildung ins Leben gerufen, sodass das Thema „Finanzen“ auch in das Familienleben Einzug finden kann. Geeignete qualitätsgeprüfte Familien-Finanz-Apps und ansprechende Vorlagen für Haushaltsbücher etc. führen dazu, dass die Themen „Geld“ und „Finanzen“ in der Familie thematisiert werden. Halbjährlich gibt es unter der Schirmherrschaft des BMF und des BMBF eine bundesweite Finanz-Challenge, die Familien im Team absolvieren können. Indem die Zielgruppe der Eltern in den Fokus genommen und mit passgenauen Finanzbildungsangeboten versorgt wurde, sind Eltern in Bezug auf ihren Umgang mit Geld sensibilisiert. Ihnen ist bewusst, dass Glaubenssätze zu Geld in der Kindheit entwickelt werden, dass diese auch häufig von Generation zu Generation weitergereicht werden und zudem in der Regel unbewusst sind. Durch den bewussten Umgang mit dem Thema „Geld“ in der Familie werden bereits in der frühen Kindheit positive Erinnerungen geschaffen, und es wird eine positive Einstellung entwickelt. Hierdurch wird dazu beigetragen, dass sich die Kinder und Jugendlichen auch später als Erwachsene in Bezug auf Finanzthemen wohlfühlen.[188]

Utopie „Studierende“ im Jahr 2034

Auch für Studierende hat sich in den letzten Jahren viel getan. Unabhängig von der gewählten Studienrichtung können diese an

Finanzbildungsprogrammen an allen Hochschulen in Deutschland teilnehmen. Darüber hinaus wurde der FinanzPass eingeführt, der junge Menschen dabei unterstützt, ihren Start ins Erwachsenenleben finanziell gebildet zu erleben. Mit jedem Schulabschluss, spätestens aber mit dem 18. Lebensjahr, erhalten Jugendliche in Deutschland, angelehnt an den KulturPass[189], den FinanzPass. Damit erhalten sie kostenfreien Zugang zu verschiedenen Finanzbildungsangeboten, die im Rahmen der Initiative „Aufbruch finanzielle Bildung" speziell für Studierende entwickelt wurden. Nach Abschluss verschiedener zertifizierter Finanzbildungskurse erhalten die Studierenden Geldprämien, die sie speziell für ihre Altersvorsorge nutzen können. Durch die intensive Aufklärungskampagne ist den jungen Menschen mittlerweile bewusst, dass es auch eine Entscheidung ist, keine Entscheidung in Bezug auf die eigenen Finanzen zu treffen. Sie werden dabei unterstützt, einen individuellen Finanzplan aufzustellen, der die Besonderheiten der individuellen Situation berücksichtigt. Mit unterhaltsamen und inhaltlich geprüften Online- und Offline-Spielen, die auf Korrektheit und Plausibilität überprüft und mit einem Qualitätssiegel versehen wurden, erhalten Studierende auf spielerische Art Zugang zu qualitativ hochwertiger Finanzbildung. Auch das Angebot an Podcasts und Video-Formaten zur finanziellen Bildung wurde ausgeweitet, sodass für jeden Lerntyp passende Maßnahmen zur Verfügung stehen.

Utopie „Arbeitnehmer*innen" im Jahr 2034

Der Start ins Berufsleben bringt viele Veränderungen mit sich – auch in finanzieller Hinsicht. Aus diesem Grund ist es besonders wichtig, flächendeckende Finanzbildungsangebote bereitzustellen. Dies ist in den letzten Jahren durch die Umsetzung der nationalen Finanzbildungsstrategie gelungen. Da die Gruppe der Arbeitgeber starke Multiplikatoren darstellt, wurden diese mit attraktiven Förderprogrammen eingebunden. Angestellte haben zu ihren Arbeitgebern oftmals ein erhöhtes Vertrauensverhältnis. Daher fungieren diese als wichtige Partner, wenn es darum geht, Finanzbildung in die Breite zu tragen. Mit Hilfe der

Beantragung von Fördermitteln können Arbeitgeber ihre Beschäftigten mit unabhängiger, qualitativ hochwertiger und zielgruppenspezifischer Finanzbildung versorgen. Gleichzeitig steigen die Mitarbeiterbindung und die Arbeitgeberattraktivität. Auf Seiten der Beschäftigten werden finanzielle Fragestellungen gelöst, und die Leistungsfähigkeit nimmt zu. In Zeiten des Fachkräftemangels wurde dieses Angebot von den Arbeitgebern hervorragend angenommen. Indem man sich ein Beispiel an Maßnahmen der britischen Finanzbildungsstrategie genommen hat, konnte hier ein etabliertes System an die deutschen Rahmenbedingungen angepasst werden. Durch den vielfachen Mehrwert dieser Programme für alle Beteiligten ist diese Maßnahme einer der wichtigsten Bausteine in der Strategie zur Verbesserung der finanziellen Bildung in Deutschland.

Ein besonderer Fokus wird hierbei auf Frauen in ihrer Rolle als Arbeitnehmerinnen gelegt. Da Frauen in den letzten Jahren oftmals finanziell benachteiligt waren und auch im Alter häufiger von Armut betroffen waren als Männer, wurde im Rahmen der Umsetzung der nationalen Finanzbildungsstrategie ein Schwerpunkt auf Angebote zur finanziellen Bildung speziell für Frauen gelegt. Frauen können im Rahmen der Initiative „Aufbruch finanzielle Bildung" durch passgenaue Angebote ein besonders hohes Potenzial realisieren. Hier wurden konkret verschiedene Lebenssituationen der Frauen berücksichtigt und mit passenden Inhalten und ansprechenden Formaten adressiert. Das Niveau der Finanzbildung unterscheidet sich seither nicht mehr signifikant von dem der männlichen Befragten. Die stark steigende Beteiligung von Frauen am Kapitalmarkt unterstreicht weiterhin die bereits erläuterte Beobachtung, dass Frauen die besseren Anleger*innen sind.[190] Dies ist hilfreich, um auch die Rentenlücke teilweise oder vollständig mit Hilfe von privater und/oder betrieblicher Vorsorge zu schließen. Zudem hilft den Frauen die Erkenntnis in Bezug auf ihre konkrete Rentenlücke, dass sie auch weitere Faktoren wie die Aufstockung ihrer Arbeitszeit, Neuaufteilung oder Neuorganisation der Kinderbetreuung etc. noch stärker in Betracht ziehen. Der Gender-Pay-Gap und der Gender-Pension-Gap werden somit bei kontinuierlicher Entwicklung in Kürze der Vergangenheit angehören.

Zeitungsartikel zur Finanzbildung in Deutschland – 2034

Deutschland nimmt zum 3. Mal an der PISA-Studie „Finanz-PISA“ teil. Nachdem Deutschland viele Jahre lang durch Abwesenheit geglänzt hatte, wurde seit der Erhebung im Jahr 2028 keine Teilnahme ausgelassen. Und nicht nur das: Deutschland glänzte in der diesjährigen Studie mit einem überraschend positiven Ergebnis, nachdem es in den letzten Jahren die finanzielle Bildung durch die wegweisende Bewegung „Aufbruch finanzielle Bildung“ in die breite Bevölkerung gebracht hat.

Als Wendepunkt kann heute die Initiative „Aufbruch finanzielle Bildung“ des Bundesfinanzministeriums und des Bildungsministeriums aus dem Jahre 2023 gesehen werden. Nachdem die OECD das Thema bereits seit 2005 in den Fokus gerückt und seit 2008 von den Mitgliedsländern eine nationale Strategie zur Verbesserung der Finanzbildung gefordert hatte, war Deutschland Anfang 2023 eines der letzten Länder, welches sich noch nicht mit einer nationalen Strategie zur Verbesserung der Finanzbildung auseinandergesetzt hatte. Mit der Initiative „Aufbruch finanzielle Bildung“ wurde somit 15 Jahren politischer Untätigkeit ein Ende gesetzt. Inspiriert von einer Analogie zu Kennedys Mondmission, nutzte Deutschland die Chance, allen Unkenrufen zum Trotz die desaströse Situation zu nutzen, um daraus mit einer inspirierenden Vision einen Neubeginn in Bezug auf die finanzielle Bildung zu starten. Indem die Vision „Finanziell gesund. Wir alle. Heute und in Zukunft.“ Von der Politik ernst genommen wurde, konnte sie die Köpfe und Herzen der Menschen erreichen. So war es möglich, die unterschiedlichsten Kanäle zu nutzen, um unabhängige und qualitativ hochwertige Finanzbildung in die Bevölkerung zu tragen. Im Rückblick sind vor allem folgende Erfolgsfaktoren zu identifizieren:

- *Die beiden Ministerien haben die Herausforderung ernst genommen und anerkannt, dass finanzielle Bildung in der heutigen Zeit so wichtig wie Lesen und Schreiben ist.*
- *Der Einbezug der aktiven Akteure in diesem Feld hat die Umsetzung der Strategie maßgeblich unterstützt und zu ihrer Verbreitung in unterschiedlichen Zielgruppen beigetragen.*
- *Die Qualitätssicherung wurde sehr ernst genommen. Mit Hilfe der Entwicklung einer eigenen DIN-Norm für finanzielle Bildung wurde die Transparenz und Objektivität bei der Qualitätssicherung in den Fokus gerückt.*
- *Der Einbezug von technologischen Möglichkeiten führte zu einer unerwartet schnellen Umsetzung.*
- *Medienpartnerschaften sorgten für die Verbreitung – nicht nur in den Köpfen, sondern auch in den Herzen.*

Wie wertvoll eine kraftvolle Vision mit einem starken „Purpose" ist, hat sich auch darin gezeigt, dass die Initiative „Aufbruch finanzielle Bildung" in Zeiten von Fachkräftemangel keinerlei Probleme hatte, Mitstreiter zu finden. Insbesondere in der als wählerisch geltenden Zielgruppe der Gen Z hat der kraftvolle Impact-Gedanke wertvolle Mitstreiter inspiriert und an Bord geholt. Und nun ist es amtlich: Mit diesem erfolgreichen Ergebnis der PISA-Studie gehört fehlende Finanzbildung in Deutschland mittlerweile der Vergangenheit an.

Kapitel 7: Finanzielle Bildung als gesamtgesellschaftliche Aufgabe

„Ask not what your country can do for you – ask what you can do for your country."

John F. Kennedy

Um diesen Zustand erreichen zu können, ist es wichtig, dass finanzielle Bildung als gesamtgesellschaftliche Aufgabe erkannt und anerkannt wird. Nur durch das Engagement jedes Einzelnen kann eine flächendeckende Finanzbildung realisiert werden. Einzelne Personen und Personengruppen können in unterschiedlichen Rollen einen Beitrag zur Stärkung der finanziellen Bildung in Deutschland leisten. Da es in Deutschland bereits zahlreiche private Unternehmen und gemeinnützige Organisationen gibt, die Maßnahmen zur finanziellen Bildung anbieten und deren Ziel die Verbesserung der Finanzkompetenz der deutschen Bevölkerung ist, ist es oftmals ausreichend, die bestehenden Angebote selbst wahrzunehmen oder anderen die Teilnahme an entsprechenden Maßnahmen zu ermöglichen. Durch niedrigschwellige Angebote kann die Teilnahme an Finanzbildungsmaßnahmen forciert werden. Die Bereitschaft, die eigene Finanzkompetenz zu verbessern und das finanzielle Wohlbefinden eigenständig positiv zu beeinflussen, ist dabei eine Grundvoraussetzung. Nur wer selbst eine positive Einstellung und offene innere Haltung zu Finanzthemen und den Aspekten finanzieller Bildung hat, kann die Förderung der Finanzbildung in Deutschland wirksam unterstützen.

Doch einige Personengruppen sind nicht nur für die eigene Finanzbildung verantwortlich, sondern können auch die finanzielle Bildung anderer beeinflussen und die Teilnahme an Finanzbildungsmaßnahmen fördern. Dazu gehören beispielsweise Eltern, Lehrkräfte und Arbeitgeber. Auch Institutionen wie Schulen und Hochschulen, aber auch die Finanzdienstleistungsbranche können einen wesentlichen Beitrag zur Förderung der Finanzbildung in Deutschland leisten. Im Folgenden wollen wir einen Überblick über die verschiedenen Möglichkeiten für die einzelnen Zielgruppen geben und Ansatzpunkte zur direkten Umsetzung aufführen. Damit wird die Frage „Was kann ich als … tun?" zielgruppenspezifisch beantwortet.

Was kann ich als Elternteil[j] tun?

Um als Elternteil die Finanzbildung der eigenen Kinder positiv zu beeinflussen, ist es wichtig, die eigene Finanzbildung, vor allem die persönliche Einstellung, Haltung und Wertvorstellungen zu Finanzthemen, zu reflektieren und weiterzuentwickeln. Wie wir bereits erwähnt haben, wird die Finanzbildung von Kindern maßgeblich durch die Erziehung der Eltern beeinflusst. Dabei werden insbesondere Verhaltensweisen und Denkmuster weitergegeben. Vor diesem Hintergrund ist es besonders relevant, sich diesen Verhaltensweisen und Denkmustern bewusst zu werden und aktiv zu hinterfragen, welche Werte man den eigenen Kindern vermitteln will. Darüber hinaus ist es wichtig, die eigene Finanzkompetenz zu verbessern und sich beständig finanziell weiterzubilden. Die Finanzbranche unterliegt einem stetigen Wandel und entwickelt sich laufend weiter. Und auch die persönlichen finanziellen Verhältnisse verändern sich, sodass unterschiedliche finanzbezogene Themen an Relevanz gewinnen. Aus diesem Grund ist es wichtig, regelmäßig das eigene Wissen in Bezug auf Finanzthemen zu erweitern und selbst an Finanzbildungsmaßnahmen teilzunehmen.

Ein weiterer wichtiger Aspekt ist die Kommunikation über Geld und Finanzen. Für einen Großteil der Deutschen gilt auch heutzutage noch das Motto „Über Geld spricht man nicht". Für Kinder ist es jedoch wichtig, im Rahmen der Familie über Geld zu sprechen und eigene Erfahrungen in Finanzthemen zu machen. Studien zeigen, dass die

---

[j] Unter dem Begriff „Elternteil" werden im Rahmen dieses Buches alle Personen verstanden, die in persönlicher Art und Weise für die Erziehung und Entwicklung von Kindern verantwortlich und/oder sorgeberechtigt sind.

finanzielle Erziehung der Eltern und Erfahrungen mit Geld im Kindesalter direkt mit finanzieller Bildung zusammenhängen[191]. Damit Kinder entsprechende Erfahrungen machen können, sollte diesen regelmäßig Taschengeld gezahlt werden, das dann zu ihrer eigenen Verfügung steht. Wichtig ist es, bei der Verwendung des Taschengeldes die Verantwortung an die Kinder abzugeben und auch Fehler zuzulassen. Es gibt verschiedene Anbieter, die Leitfäden und Empfehlungen für die Höhe und die Art und Weise der Taschengeldzahlung sowie den Umgang mit Geldgeschenken für Kinder bereitstellen. Diese bieten eine gute Grundlage, die sich einfach an die individuelle Situation anpassen lässt.

Was kann ich als Lehrkraft tun?

Lehrkräfte sind neben den Eltern weitere wichtige Bezugspersonen von Kindern, die einen großen Einfluss auf deren Entwicklung nehmen (können). Die Ergebnisse der sogenannten „Hattie-Studie" zeigen, wie einflussstark sich die pädagogische Beziehung, das Lehrer-Schüler-Verhältnis[192], auf die Entwicklung von Schülerinnen und Schülern auswirkt. Insofern ist es für die Stärkung der finanziellen Bildung auch für Lehrpersonen wichtig, die eigene Finanzkompetenz zu verbessern und die eigene finanzbezogene Einstellung und Haltung weiterzuentwickeln. Durch die Teilnahme an Fort- und Weiterbildungsmaßnahmen zum Thema „Finanzbildung" kann zudem die fachliche Kompetenz erhöht werden, die die Vermittlung von Finanzthemen im Unterricht ermöglicht. Um die Gestaltung entsprechender Unterrichtsstunden oder -reihen oder die Durchführung von Projekttagen oder -wochen zu erleichtern, kann auf bereitgestellte Unterrichtsmaterialien oder externe Partner zurückgegriffen werden. Insgesamt sollten sich Lehrkräfte dafür einsetzen, dass die Vermittlung von finanzieller Bildung an ihrer jeweiligen Schule unterstützt und gefördert wird, um langfristig eine flächendeckende Finanzbildung in Schulen zu erreichen.

Was kann ich als Arbeitgeber tun?

Auch Arbeitgeber können Einfluss auf die Finanzbildung anderer, in diesem Fall der eigenen Mitarbeitenden, nehmen. Eine Möglichkeit besteht darin, finanzielle Bildung als Corporate Benefit anzubieten. Während diese Maßnahme in Deutschland derzeit nur selten genutzt wird, ist diese Entwicklung in anderen Ländern nicht neu. Insbesondere die USA und Großbritannien sind hier Vorreiter, und auch die OECD und ihr internationales Netzwerk für Finanzbildung (OECD/INFE) haben sich der Thematik „finanzielle Bildung am Arbeitsplatz" schon lange angenommen. Hierzu wurde eine eigene Arbeitsgruppe gegründet, die ein „Policy-Handbook" zu „financial education in the workplace" herausgegeben hat.[193]

Um die finanzielle Bildung in Deutschland voranzutreiben und auch außerhalb von Schulen große Gruppen zur Teilnahme an Finanzbildungsmaßnahmen zu bewegen, braucht es unbedingt die Arbeitgeber als wertvolle Multiplikatoren. Glücklicherweise gibt es schon zahlreiche innovative Pioniere unter den Unternehmen, die Angebote zur Finanzbildung der Mitarbeitenden beispielsweise als Teil der Corporate Benefits integriert und damit auch eine kluge unternehmerische Entscheidung getroffen haben. Denn das Angebot von finanzieller Bildung am Arbeitsplatz wirkt sich nicht nur für die Arbeitnehmer, sondern auch für die Arbeitgeber positiv aus. Dahinter stehen klare Vorteile für das jeweilige Unternehmen, die zu großen Teilen mit Studien belegt sind. Somit ist die Entscheidung, ob ein Unternehmen seine Beschäftigten mit Finanzbildung unterstützt, keine soziale, sondern vor allem eine unternehmerische Maßnahme. Das Angebot von Finanzbildungsmaßnahmen, häufig auch als „Financial Wellness" oder „Financial Wellbeing" bezeichnet, für die Mitarbeitenden führt zu verschiedenen positiven Aspekten, die sich in vier Kategorien einteilen lassen.

1. Steigerung der Produktivität
    - Reduzierung von Stressfaktoren für die Mitarbeitenden
    - Verringerung von Ausfallzeiten durch gesundheitliche Probleme
    - Vermeidung von Ausfallzeiten durch gedankliche Ablenkung
    - Erhöhte Motivation und Leistungsbereitschaft der Mitarbeitenden
1. Förderung der Gleichberechtigung
    - Erzeugung von Aufmerksamkeit für Faktoren wie Gender-Pay-Gap und Gender-Pension-Gap
    - Entgegenwirken von Armut und Altersarmut
    - Stärkung der finanziellen Bildung von Frauen
2. Erhöhung der Unternehmensattraktivität
    - Erfüllung des Wunsches nach Finanzbildungsangeboten
    - Bindung von Mitarbeitenden
    - Alleinstellungsmerkmal im Wettbewerb um Fachkräfte
3. Finanzieller Vorteil
    - Finanzbildung statt Gehaltserhöhung führt zu Optimierung des Nettogehalts von Arbeitnehmern und entlastet Arbeitgeber
    - Vermeidung von Verwaltungsaufwand, bspw. Bei Gehaltspfändungen

Für Unternehmen bestehen verschiedene Möglichkeiten, den eigenen Beschäftigten Angebote zur finanziellen Bildung zur Verfügung zu stellen. Dazu zählen beispielsweise Beratungsangebote im Hinblick auf Geldanlage und Altersvorsorge, aber auch Hilfen bei der Erstellung von Sparplänen, der Steuererklärung oder dem Managen von Einnahmen und Ausgaben. Verschiedene Dienstleister bieten bereits auch in Deutschland Angebote für Unternehmen an. Diese reichen von allgemeinen Schulungen bis zu Einzelcoachings. Das Beratungsangebot sollte speziell auf die Bedürfnisse der Mitarbeitenden ausgerichtet sein und das individuelle finanzielle Wohlbefinden verbessern. Auch für Auszubildende bietet sich das Angebot von Finanzbildungsmaßnahmen besonders gut an.

Verschiedene Anbieter haben sich auf diese Zielgruppe spezialisiert und die entsprechenden Maßnahmen konkret an die Bedürfnisse angepasst.

Was kann ich als Finanzdienstleister tun?

Die Zeichen sind eindeutig: Es ist Zeit für eine neue Finanzwelt! Wir stehen vor einem großen wirtschaftlichen Wandel. In der nächsten Dekade werden sich viele Branchen grundlegend neu formieren (müssen). Die Finanzbranche gehört dazu: Die Finanzwirtschaft, wie wir sie kennen, steht vor einer erheblichen Veränderung. Herkömmliche Geschäftsmodelle werden nicht mehr funktionieren. Vielmehr werden sogenannte Ökosysteme[k] erfolgreich sein, in denen verschiedene Unternehmen und Institutionen eng zusammenarbeiten, um eine gemeinsame Wertschöpfung zu generieren, die in erster Linie das Kundeninteresse im Fokus hat.[194] Zudem teilen sich die Unternehmen oftmals auch Vermögenswerte, Informationen und Ressourcen und entwickeln das Werteversprechen im Sinne des Kunden weiter. In dieser neuen Finanzwelt wird die (unabhängige) Finanzbildung eine zentrale Rolle spielen. Denn wie bereits in Teil 1 ausführlich dargelegt wurde, ist finanzielle Bildung unerlässlich, um als Kunde informierte und bewusste Finanzentscheidungen treffen zu können. Die Trennung von Finanzbildung und dem Vertrieb von Finanzprodukten ist im Sinne des Kunden, indem dieser im ersten Schritt auf Augenhöhe mit demjenigen gebracht wird, der Finanzprodukte vertreibt. Denn das Vertrauen in die Finanzwelt in Deutschland ist schlecht. Wissenschaftliche Studien

[k] Hiermit ist eine dynamische Struktur verschiedener wirtschaftlicher und sozialer Akteure gemeint, die ein aufeinander abgestimmtes Kundenerlebnis kreieren, das kein einzelner Akteur alleine hätte umsetzen können.

haben gezeigt, dass sich das Vertrauen in die Finanzwelt in Deutschland auf einem niedrigen Niveau befindet.[195] Der Finanzkompass 2023 zeigt, dass insgesamt rund ein Drittel der Befragten die Finanzbranche als nicht vertrauenswürdig einschätzt. Nur 4 Prozent der Befragten haben angegeben, die Finanzbranche „sehr vertrauenswürdig" zu finden.[196] Besonders niedrig ist das Vertrauen in Finanzdienstleister. In einer Studie der Bundesanstalt für Finanzdienstleistungsaufsicht haben nur 53 Prozent der Befragten angegeben, darauf zu vertrauen, dass Finanzdienstleister sie fair behandeln. Im Umkehrschluss zweifelt fast die Hälfte der Studienteilnehmenden an der Integrität der Finanzdienstleister.[197] Dieses Ergebnis spiegelt sich auch im Edelman Trust Barometer 2023 wider, in dem die Finanzdienstleister den vorletzten Platz belegen. Lediglich den sozialen Medien vertrauen die Deutschen noch weniger.[198] Das mangelnde Vertrauen zieht jedoch teilweise drastische Folgen nach sich. Rund 20 Prozent der Befragten einer Studie der Internationalen Hochschule IU geben an, dass sie nicht in Finanzprodukte investieren, weil sie der Finanzbranche nicht vertrauen.[199] Umso wichtiger ist es, das Vertrauen in die Finanzbranche zu stärken.

Die Finanzwelt steht vor einem großen Wandel. Auch im Bereich der Finanzdienstleister gibt es einige Vorreiter, die die Zeichen der Zeit erkannt haben und nun neue Weichen stellen. Man erkennt die Anbieter beispielsweise daran, dass sie ihren Beratungsansatz streng nach der DIN-Norm 77230 ausgerichtet haben und unabhängige Finanzbildung als Teil ihres Werteangebots verstehen. Ihr Ziel ist es, zu erreichen, dass Kunden sich mit einem guten Gefühl für Finanzprodukte entscheiden, die genau zu ihrem Profil passen und einen positiven Einfluss auf das individuelle finanzielle Wohlbefinden ausüben können. Dabei treffen Kunden entsprechend ihres Bedarfs und ihrer persönlichen Vorlieben bewusst Finanzentscheidungen. Finanzberater können bei diesen Entscheidungen unterstützen und mit ihrem Produkt-Know-how glänzen. Der Verkauf einzelner konkreter Produkte steht nicht mehr im

Vordergrund. Das bringt oftmals sowohl auf Kunden- als auch auf Beraterseite eine grundlegende Perspektivänderung mit sich.

Um als Finanzdienstleister einen Beitrag zur Stärkung der Finanzbildung in Deutschland zu leisten, eignet sich vor allem der Austausch und die Zusammenarbeit mit verschiedenen privaten und gemeinnützigen Akteuren, die sich für die Vermittlung von unabhängiger Finanzbildung einsetzen. Durch entsprechende Kooperationen und die Einhaltung von Standards, wie der DIN-Norm 77230, kann so nach und nach das Ziel der unabhängigen und nicht verkaufsorientierten Beratung erreicht werden.

Was kann ich als Schule tun?

Schulen sind wichtige Institutionen, um die Finanzbildung in Deutschland flächendeckend voranzutreiben. Sie sind der zentrale Ort zur Vermittlung von Wissen und Bildung und sollten daher in besonderem Maße in die Förderung der Finanzbildung in Deutschland einbezogen werden. Ein wichtiger Schritt hierzu ist die Verankerung eines Schulfachs, das sich spezifisch mit dem Thema „Wirtschaft und Finanzen" auseinandersetzt. Die Einführung eines entsprechenden Schulfachs liegt jedoch in der Hoheitsgewalt der Politik, sodass die Schulen hierfür keine Verantwortung tragen. Trotzdem besteht die Möglichkeit, die politische Entscheidung zu beeinflussen. Verschiedene Institutionen wie das Bündnis Ökonomische Bildung, dem unter anderem auch verschiedene Lehrerverbände angehören, setzen sich hierfür ein. Auch Schulen können sich entsprechenden Initiativen anschließen, um sich für die Verankerung eines wirtschaftsbezogenen Schulfachs auszusprechen.

Daneben bestehen für Schulen auch verschiedene Möglichkeiten, sich aktiv für die Verbesserung der finanziellen Bildung einzusetzen. Dazu zählt beispielsweise die Förderung von Fort- und Weiterbildungsmaßnahmen für das Lehrpersonal in Bezug auf finanzielle

Bildung. Darüber hinaus können Schulen einen Finanzbildungsbeauftragten benennen, der sich hauptverantwortlich um die Durchführung von Finanzbildungsmaßnahmen kümmert. Die Maßnahmen oder Projekte müssen dabei nicht unbedingt vom Lehrpersonal oder vom Finanzbildungsbeauftragten selbst durchgeführt werden, sondern können auch mit Hilfe von externen Partnern stattfinden.

Was kann ich als Hochschule tun?

Hochschulen verfügen im Bereich der finanziellen Bildung über eine Doppelfunktion. Auf der einen Seite bieten sie die Möglichkeit, große Personengruppen zu erreichen und über bestehende Strukturen Maßnahmen zur finanziellen Bildung zielgruppenspezifisch anzubieten. Auf der anderen Seite obliegt insbesondere den Hochschulen die Aufgabe, Aus- und Fortbildungen, beispielweise für Lehrkräfte, anzubieten, damit diese Finanzbildung in Schulen lehren können. Um aktiv etwas zur Verbesserung der finanziellen Bildung in Deutschland beizutragen, können Hochschulen daher ähnlich wie Schulen oder Unternehmen Finanzbildungsmaßnahmen für die Studierenden, aber auch für die Mitarbeitenden anbieten. Verschiedene private Unternehmen bieten Maßnahmen an, die spezifisch auf die Zielgruppe „Studierende" ausgerichtet sind. Mit Hilfe dieser Partner können qualitätsgesicherte Projekte zur finanziellen Bildung in die Hochschulen geholt werden. Eine Möglichkeit, die Finanzbildungsmaßnahmen möglichst vielen Studierenden zur Verfügung zu stellen, liegt darin, diese beispielsweise als Weihnachtsgeschenk allen Studierenden anzubieten. Hierbei ist es ratsam, den Allgemeinen Studierendenausschuss oder die jeweiligen Studierendenvertretungen einzubeziehen. Um die Aus- und Fortbildung von Lehrkräften im Bereich der finanziellen Bildung zu erleichtern, sollten sich Hochschulen darüber hinaus dafür einsetzen, finanzielle Bildung ins jeweilige Hochschulcurriculum mitaufzunehmen.

Was kann ich als Staat tun?

Wie wir in den ersten beiden Teilen dieses Buches bereits ausdrücklich beschrieben haben, obliegen dem Staat und der Politik die wichtigsten Aufgaben zur Verbesserung der Finanzbildung in Deutschland. Es liegt in ihrer Verantwortung, die Entwicklung und Umsetzung einer nationalen Finanzbildungsstrategie zu koordinieren und die Förderung der Finanzbildung in Deutschland voranzutreiben. Dazu ist es wichtig, nicht nur verschiedene Stakeholder und Interessengruppen einzubeziehen, sondern auch die Gesellschaft einzubinden, indem die Relevanz von Finanzbildung und der Einfluss auf die individuelle Situation jedes Einzelnen hervorgehoben wird. Dazu eignet sich vor allem die Formulierung einer starken und inspirierenden Vision für die nationale Finanzbildungsstrategie, die, ähnlich wie bei Kennedy, nicht nur die Köpfe, sondern vor allem die Herzen der Menschen erreicht. Nach der Entwicklung der Strategie ist es relevant, diese konsequent umzusetzen und bereits in diesem Rahmen die Strategie zu evaluieren und Rückschlüsse für Folgestrategien zu ziehen. Anhand von evidenzbasierten Ergebnissen kann die finanzielle Bildung in Deutschland langfristig und mit gesicherter Qualität verbessert werden.

Doch auch vor der Fertigstellung und Umsetzung der Strategie zur Verbesserung der finanziellen Bildung kann der Staat verschiedene Maßnahmen ergreifen, um die Finanzbildung zu verbessern. Durch die Festlegung einer Definition für den Begriff „Finanzbildung" wird eine gemeinsame Ausgangsbasis geschaffen, auf der die Arbeit unterschiedlicher Stakeholder aufbauen kann. Auch durch die Vorgabe von Qualitätsstandards wird die Arbeit der Stakeholder beeinflusst. Hierdurch wird gesichert, dass Angebote wissenschaftlich fundierter und unabhängiger Finanzbildungsmaßnahmen von solchen unterschieden werden können, die den Verkauf bestimmter Produkte oder Dienstleistungen verfolgen. Durch die gesteigerte Transparenz wird auch das Vertrauen der Bürgerinnen und Bürger und somit der Zielgruppe in den Staat und die Finanzdienstleistungsbranche verbessert. Sowohl die

Definition als auch die Vorgaben zur Qualitätssicherung können schließlich auch im Rahmen der Finanzbildungsstrategie verwendet werden, wie unsere Ausführungen im zweiten Teil dieses Buches zeigen.

Eine weitere kurzfristig umzusetzende Möglichkeit liegt in der Bereitstellung von Fördergeldern zur Verbesserung der Finanzbildung. Diese können auf verschiedene Weisen eingesetzt werden. Zum einen können Fördertöpfe für die Förderung der Forschung zu den Themen „Finanzbildung" und „Finanzkompetenz" bereitgestellt werden, von denen insbesondere Hochschulen im Rahmen der Drittmittelakquise profitieren können. Zum anderen können verschiedene Institutionen gefördert werden, die die Teilnahme an Finanzbildungsmaßnahmen unterstützen. Dazu gehören beispielsweise Schulen oder Unternehmen, die den Schüler*innen oder Mitarbeitenden die Teilnahme an Maßnahmen zur finanziellen Bildung ermöglichen. Eine weitere Möglichkeit liegt in der Reduzierung von Hemmschwellen zur Teilnahme an Finanzbildungsmaßnahmen von Einzelpersonen. Hierzu kann beispielsweise, in Anlehnung an den KulturPass zur Unterstützung der Kulturbranche nach den Auswirkungen der Coronapandemie, ein Budget für ausgewählte Zielgruppen zur Förderung der eigenen finanziellen Bildung zur Verfügung gestellt werden. Auf einer Website können dann die Angebote gesammelt werden, die im Rahmen des „FinanzPasses" wahrgenommen werden können. Darüber hinaus können durch den Staat oder die Politik Anreize zur Teilnahme an entsprechenden Angeboten zur Verbesserung der finanziellen Bildung geschaffen werden. Hierbei können Bonusprogramme von Krankenkassen zur Orientierung herangezogen werden. Finanzielle Bildung führt zu einer Steigerung des individuellen und gesellschaftlichen finanziellen Wohlbefindens und langfristig zu einer Verbesserung der Finanzstabilität. Außerdem kann durch finanzielle Bildung (Alters-)Armut vorgebeugt werden, sodass schließlich auch der Staat durch verminderte Sozialabgaben profitiert. Bei einer langfristigen Betrachtung refinanzieren sich Ausgaben zur Förderung der finanziellen Bildung folglich.

Was kann ich als Privatperson tun?

Als Privatperson ist es von zentraler Bedeutung, Verantwortung für die eigenen Finanzen zu übernehmen. Doch für viele Menschen ist das Thema Finanzen mit negativen Gefühlen verbunden: Dazu gehören beispielsweise Schuldgefühle wegen vermeintlicher finanzieller Fehlentscheidungen oder ein schlechtes Gewissen, weil die obligatorischen Vorkehrungen hinsichtlich Altersvorsorge noch immer nicht oder nicht ausreichend getroffen wurden. Und manche Menschen fühlen sich regelrecht dumm und dem Thema Finanzen nicht gewachsen. Doch fehlende Finanzbildung hat nichts mit fehlender Intelligenz zu tun. Da die Vermittlung von Finanzbildung bisher nicht strukturell verankert ist, hängt es vom Zufall ab, ob jemand finanzielle Bildung erhält oder nicht. Wenn das Elternhaus oder andere Bezugspersonen keine Finanzbildung haben oder sie nicht an die Kinder weitergeben, werden junge Menschen in eine Welt entlassen, in der sie ohne Finanzbildung stark benachteiligt sind. Daher ist es so wichtig, dass wirklich jeder Eigenverantwortung übernimmt. Um sich dem Thema zu nähern, eignet sich beispielsweise der von uns entwickelte 5-Schritte-Plan der Deutschen Gesellschaft für Finanzkompetenz DeGeFin.

Im 1. Schritt ist neben dem Setzen von finanziellen Zielen die Erstellung eines vollständigen Überblicks über alle vorhandenen Konten, Zahlungsströme, Vermögensgegenstände und/oder Schulden sowie vorhandener Produkte sinnvoll. Die Aufstellung einer privaten Bilanz und die Analyse der vorhandenen Finanzsituation ermöglichen einen strategischen Blick auf die finanzielle Situation. Die Reflektion bezüglich vorhandener Glaubenssätze zu Geld ist im 1. Schritt genauso zentral. Die regelmäßige Auseinandersetzung mit vorhandenen Glaubenssätzen führt dazu, dass der eigene Denkrahmen im Hinblick auf das Thema Finanzen immer transparenter wird. Möglicherweise wird im ersten Schritt auch transparent, in welchen Bereichen finanzielle Bildung vorhanden ist und wo Finanzbildung fehlt. Der 1. Schritt heißt „Finanz-Fest", denn hier darf (und soll) jeder seine Finanzen feiern, unabhängig davon, wie die Situation ist. Im 1. Schritt wird nicht gewertet oder geurteilt - es ist lediglich eine Bestandsaufnahme. Im 2. Schritt, dem Finanz-Detox, macht es dann Sinn, zu prüfen, wovon man sich trennen möchte: ob es die Konsumschulden, negative limitierende Glaubenssätze oder überflüssige Ausgaben sind. Ebenso kann man hier mittels einer DIN-Analyse (DIN 77230) feststellen, welche Risiken mit Hilfe von Versicherungen im individuellen Fall abgedeckt werden sollen und welche nicht. Im 3. Schritt, dem Finanz-Joker, geht es um die Absicherung der existenziellen Risiken sowie den Aufbau einer eisernen Reserve, sodass unvorhergesehene Ausgaben zumindest bis zu einer gewissen Höhe abgesichert sind. Nachdem die ersten drei Schritte eine solide Basis geschaffen haben, geht es im 4. Schritt um Risiko und Rendite. Viele Privatpersonen begehen den Fehler, risikobehaftete Geldanlagen wie beispielsweise Aktien vorschnell auszuschließen. Doch wer eine Rentenlücke schließen oder Vermögen aufbauen möchte, sollte sich mit dem „Risiko der risikolosen Anlage" auseinandersetzen. Mit dem Ausschluss von risikobehafteten Geldanlagen droht das Risiko, dass auf realer Basis, also nach Abzug der Inflation, kein oder zu wenig Kapital aufgebaut wird und man sich „arm spart". Dabei haben wir im Hinblick auf risikobehaftete Geldanlagen mittlerweile ein wahres Paradies für Privatanleger. Mit sehr überschaubarem Zeitaufwand kann jeder beispielsweise sehr kostengünstig in ein breit gestreutes Aktienportfolio investieren. Die Auswahl kann dabei nach individuellen Präferenzen, wie beispielsweise Nachhaltigkeitsaspekten, erfolgen. Natürlich sollte auch hier ein gewisses finanzielles Grundwissen vorhanden sein, um informierte und bewusste Finanzentscheidungen treffen zu können.

Im 5. Schritt, dem Finanz-Masterplan, geht es darum, alle bisher getroffenen Entscheidungen nochmal zu reflektieren und ganzheitlich zu betrachten. Langfristige finanzielle Ziele strategisch zu betrachten, ist wertvoll, weil die entsprechenden Maßnahmen dann früh genug getroffen werden können. Zudem kann man im 5. Schritt auch seinen Herzensthemen Raum geben, indem man sich überlegt, ob man ein Herzensprojekt finanziell unterstützt. Nachdem die eigenen Finanzen optimiert wurden, ist die Entscheidung, in welcher Höhe man ein Projekt finanziell unterstützen möchte, leicht zu treffen. Dem Wunsch, gesellschaftliche Verantwortung zu übernehmen und zielgerichtet einen finanziellen Beitrag zu leisten, kann somit auf informierter Basis nachgegangen werden.

Das Wichtigste im Hinblick auf das Thema Finanzen ist, sich auf den Weg zu machen und Eigenverantwortung zu übernehmen. Das Thema eignet sich nicht dafür, es auszulagern - weder an externe Dienstleister noch an den Partner oder die Partnerin. Natürlich kann man sich Hilfe und Unterstützung holen. Auch der Austausch mit der Familie oder im Freundeskreis kann hilfreich sein. Doch die Kontrolle und Verantwortung sollte immer bei einem selbst liegen. Jegliche Finanzentscheidungen sollten informiert und bewusst erfolgen. Und wenn Fehler passieren, ist ein offener Umgang damit hilfreich, denn so kann aus den begangenen Fehlern gelernt werden, um in Zukunft bessere Entscheidungen zu treffen.

Wenn es darum geht, sich Hilfe und Unterstützung zu holen, empfehlen wir, zwischen Finanzbildung und Finanzvertrieb zu unterscheiden. Es gibt vielfältige Finanzbildungsangebote, die sich hinsichtlich Qualität und Format stark unterscheiden. Hier ist es zum einen sinnvoll, auf die fachliche Qualifikation der Dozierenden zu achten. Zum anderen sollten die Interessen und das Geschäftsmodell des Anbieters verstanden werden, um beurteilen zu können, wie unabhängig und glaubwürdig das Angebot ist. Möglicherweise bietet auch der Arbeitgeber Veranstaltungen zu unabhängiger Finanzbildung an. In den USA und UK gibt es schon seit Jahren in vielen Unternehmen solche

Angebote. Seit einiger Zeit nimmt das Interesse der Arbeitgeber, die Beschäftigten mit unabhängiger Finanzbildung zu unterstützen, auch in Deutschland zu.

Im Hinblick auf den Finanzvertrieb gibt es die Möglichkeit, sich an einen Finanzberater zu wenden, der DIN-zertifiziert (DIN 77230) ist. Im Rahmen der Beratung kann dann eine ganzheitliche DIN-Analyse durchgeführt werden, die objektiv und transparent den individuellen Bedarf ermittelt.

Kapitel 8: Finanzielle Bildung – Deutschlands große Mission!

„Be the change that you wish to see in the world."

Mahatma Gandhi

Jede Zielgruppe hat ihren eigenen Bedarf an finanzieller Bildung, doch die Notwendigkeit, finanzielle Bildung zu erhalten, ist bei allen Zielgruppen vorhanden. Wir alle treffen tagtäglich finanzielle Entscheidungen. Werden gerade die großen Finanzentscheidungen bewusst und informiert getroffen, ist dies ein wichtiger Beitrag zu einem selbstbestimmten und finanziell solide aufgestellten Leben. Doch auch viele kleine schlechte Entscheidungen können in Summe starke negative Auswirkungen auf die individuelle finanzielle Situation haben. Daher ist es wertvoll, sämtliche Entscheidungen durch adäquate finanzielle Bildung auf die informierte und bewusste Ebene zu ziehen – unabhängig davon, ob es sich um große oder kleine Finanzentscheidungen handelt. Das Selbstverständnis, dass individuelle Finanzentscheidungen informiert und bewusst getroffen werden sollten, in die Breite zu tragen, schaffen wir jedoch nur gemeinsam. Um im Bereich der finanziellen Bildung nachhaltig etwas bewegen zu können, brauchen wir eine breite Beteiligung. Neben anschlussfähigen Angeboten auf individueller Ebene benötigen wir dringend den Einsatz wichtiger Multiplikatoren, wie Schulen, Hochschulen, Arbeitgeber oder auch die Finanzdienstleistungsbranche, die die Entwicklung dieses Selbstverständnisses unterstützen.

Dass mit der Initiative „Aufbruch finanzielle Bildung" eine große Herausforderung vor ihnen lag, war auch den beiden Ministerien bewusst. Es gibt keinen Erkenntnisbedarf, sondern Umsetzungsbedarf – darauf wies Bildungsministerin Stark-Watzinger schon im Rahmen der Auftaktveranstaltung mit Blick auf die Verbesserung der Finanzbildung hin. Doch wie schafft man es nun, qualitativ hochwertige finanzielle Bildung innerhalb eines überschaubaren Zeitraums zielgruppenspezifisch in die breite Bevölkerung zu bringen?

Klar ist, es funktioniert nicht mit herkömmlichem und linearem Denken. Um die Position des Schlusslichtes in Bezug auf die Finanzbildung zu verlassen und gleichzeitig eine spürbare Umsetzung zu erzielen, müssen wir exponentiell denken. Konsequenterweise sollte die Initiative „Aufbruch finanzielle Bildung" daher direkt als exponentielle Organisation definiert werden, also als eine Organisation, deren Anspruch es ist, vielfach höher zu skalieren, und deren Wirkung damit überproportional hoch ist. Wie bereits in Teil 1 erörtert, spricht man von einer exponentiellen Organisation, wenn die Wirkung um ein Vielfaches höher ist als bei vergleichbaren Organisationen. Diesen Anspruch zu kommunizieren, erfordert zum einen Mut, denn natürlich ist es einfacher, sich in gewohnten Bahnen zu bewegen und mit gewohnten Zahlen umzugehen. Andererseits erfordert dieser Anspruch von allen Beteiligten, aus ihren gewöhnlichen Denkmustern auszubrechen, denn mit diesen wird keine exponentiell größere Wirkung zu erzielen sein.

Klar ist auch, dass die Unterstützung der Politik dringend notwendig ist. Jedoch wird die Politik alleine nicht in der Lage sein, die breite Bevölkerung zeitnah mit qualitativ hochwertiger zielgruppengerechter Finanzbildung zu versorgen. In dieser Situation ist es dringend erforderlich, auch diejenigen zu gewinnen, die finanziell gebildet sind und die Dramatik der Situation erkennen. Im Kampf gegen den finanziellen Analphabetismus sind zahlreiche Stakeholder erforderlich, die sich mit ihren Kompetenzen und/ oder Ressourcen einbringen. Dies kann durch die finanzielle Förderung von unabhängiger Finanzbildung erfolgen, aber auch durch zeitlichen Einsatz bei Veranstaltungen oder durch die Bereitstellung von Reichweite für die Verbreitung von wertvollen Finanzbildungsinhalten oder auch Weckrufen. Und schließlich brauchen wir die Multiplikatoren wie Schulen, Hochschulen und Arbeitgeber an Bord, denn Finanzbildung geht uns alle an: Diese gesamtgesellschaftliche Herausforderung können wir nur gemeinsam meistern. Und vielleicht können wir bald schon sagen:

In Deutschland kann niemand mehr aufgrund von Geldsorgen nicht schlafen. Niemand gerät aus Unwissenheit in finanzielle Schwierigkeiten. Alle Menschen in Deutschland sind so gut über die Themen Geld und Finanzen informiert, dass sie aus ihrer individuellen finanziellen Situation das Bestmögliche machen können – zum Wohle jedes Einzelnen und der gesamten Gesellschaft!

Referenzen

Teil 1

[1] Jovanovic, L (2019): Das Rennen zum Mond. [https://rp-online.de/panorama/wissen/weltraum/mondlandung/mondlandung-1969-kennedy-musste-sich-erst-durchsetzen_aid-12162891].

[2] Brzeski, C.; Franke, S. (2017) Schlusslicht leuchtet jetzt auf der Insel. [https://www.ing.de/binaries/content/assets/pdf/ueber-uns/presse/publikationen/ing-diba-economic-analysis-iis-finanzbildung-2017.pdf].

[3] Bundesministerium für Bildung und Forschung (2022): Von der Altersvorsorge bis zu Zinsen [https://x.com/BMBF_Bund/status/1590742093479264257].

[4] SPD; BÜNDNIS 90/ DIE GRÜNEN; FDP (Hrsg.) (2021): Mehr Fortschritt wagen – Bündnis für Freiheit, Gerechtigkeit und Nachhaltigkeit (Koalitionsvertrag) [https://www.bundesregierung.de/resource/blob/974430/1990812/04221173eef9a6720059cc353d759a2b/2021-12-10-koav2021-data.pdf?download=1].

[5] Balz, B. (2022): Ökonomische Bildung in Deutschland. *Zeitschrift für das gesamte Kreditwesen*, 75 (6), S. 282-285.

[6] May, H. (2011): Ökonomische Bildung als Allgemeinbildung. *Aus Politik und Zeitgeschichte „Ökonomische Bildung“;* Balz, B. (2021): Ökonomische Bildung aus Sicht der Deutschen Bundesbank. *Vierteljahrshefte zur Wirtschaftsforschung*, 90 (1), S. 33-44.

[7] Deutsche Gesellschaft für ökonomische Bildung (DEGÖB) (2004): Kompetenzen der ökonomischen Bildung für allgemein bildende Schulen und Bildungsstandards für den mittleren Schulabschluss [https://www.degoeb.de/fileadmin/media/medien/04_DEGOEB_Sekundarstufe-I.pdf].

[8] Digitales Wörterbuch der Deutschen Sprache (dwds) (ohne Jahr): Allgemeinbildung, die [ttps://www.dwds.de/wb/Allgemeinbildung].

[9] Balz, B. (2021): Ökonomische Bildung aus Sicht der Deutschen Bundesbank. *Vierteljahrshefte zur Wirtschaftsforschung*, 90 (1), S. 33-44.

[10] Balz, B. (2021): Ökonomische Bildung aus Sicht der Deutschen Bundesbank. *Vierteljahrshefte zur Wirtschaftsforschung*, 90 (1), S. 33-44; Liening, A. (2019): Ökonomische Bildung, 2. Auflage, Wiesbaden.

[11] Liening, A. (2019): Ökonomische Bildung, 2. Auflage, Wiesbaden

[12] Sekretariat der Ständigen Konferenz der Kultusminister der Länder in der Bundesrepublik Deutschland (Hrsg.) (2008): Wirtschaftliche Bildung an allgemeinbildenden Schulen – Bericht der Kultusministerkonferenz vom 19.10.2001 i.d.F. vom 27.06.2008 [https://www.kmk.org/fileadmin/veroeffentlichungen_beschluesse/2001/2001_10_19-Wirtschaftliche-Bildung-allg-Schulen.pdf].

[13] Loerwald, D.; Friebel-Piechotta, F.; Bode, D. (2021): Die OeBiX-Studie [https://www.flossbachvonstorch-stiftung.de/fileadmin/user_upload/Stiftung/studie/OeBiX-Studie_Abschlussbericht.pdf].

[14] Loerwald, D.; Friebel-Piechotta, F.; Bode, D. (2021): Die OeBiX-Studie [https://www.flossbachvonstorch-stiftung.de/fileadmin/user_upload/Stiftung/studie/OeBiX-Studie_Abschlussbericht.pdf].

[15] Balz, B. (2021): Ökonomische Bildung aus Sicht der Deutschen Bundesbank. *Vierteljahrshefte zur Wirtschaftsforschung*, 90 (1), S. 33-44; Liening, A. (2019): Ökonomische Bildung, 2. Auflage, Wiesbaden.

[16] Stolper, O. A.; Walter, A. (2017): Financial literacy, financial advice, and financial behavior. *Journal of Business Economics*, 87 (5), S. 581-643; Kaiser, T.; Lutter, A. (2015): Empirische Forschungen zu financial literacy – Zugänge – Befunde – Desiderata. *Zeitschrift für Didaktik der Gesellschaftswissenschaften*, 6 (2), S. 77-95.

[17] Seeber, G.; Retzmann, T. (2017): Financial Literacy – Finanzielle (Grund-)Bildung – Ökonomische Bildung. *Vierteljahrshefte zur Wirtschaftsforschung*, 86 (3), S. 69-80.

[18] Grunert, C. (2012): Bildung und Kompetenz, Wiesbaden; Raithel, J.; Dollinger, B.; Hörmann, G. (2009): Einführung Pädagogik, 3. Auflage, Wiesbaden; North, K.; Reinhardt, K.; Sieber-Suter, B. (2013): Kompetenzmanagement in der Praxis, 2. Auflage, Wiesbaden.

[19] Kaminski, H.; Friebel. S. (2012): Arbeitspapier „Finanzielle Allgemeinbildung als Bestandteil der ökonomischen Bildung“, Oldenburg; Atkinson, A.; Messy, F.-A. (2012): Measuring Financial Literacy: Results of the OECD / International Network on Financial Education (INFE) Pilot Study [https://www.oecd-ilibrary.org/measuring-financial-literacy_5k9csfs90fr4.pdf?itemId=%2Fcontent%2Fpaper%2F5k9csfs90fr4-en&mimeType=pdf].

[20] Kaiser, T.; Lusardi, A.; Menkhoff, L., Urban, C. (2020): Financial Education Affects Financial Knowledge and Downstream Behaviors, Berlin; Kaiser, T.; Menkhoff, L. (2018): Financial Education in Schools: A Meta-Analysis of Experimental Studies, in: CESifo Working Papers No. 7395 [https://www.cesifo.org/DocDL/cesifo1_wp7395.pdf]; Grohmann, A.; Hagen, K. (2017): Finanzkompetenz für alle Lebenslagen: Finanzielle Bildung – Wird die Jugend für die Zukunft gewappnet? *Vierteljahrshefte zur Wirtschaftsforschung*, 86 (3), S. 5-16.

[21] Kaiser, T.; Menkhoff, L. (2021): Maßnahmen zur finanziellen Bildung wirken – Deutschland sollte nationale Strategie für finanzielle Bildung entwickeln, *DIW Wochenbericht*, 88. (38), S. 643-651.

[22] Kaminski, H.; Eggert, K. (2008): Konzeption für die ökonomische Bildung als Allgemeinbildung von der Primarstufe bis zur Sekundarstufe II, Berlin; Tzanova, P.; Schlösser, H. J.; Neubauer, M. (2011): Finanzielle Bildung, in: Aus Politik und Zeitgeschichte „Ökonomische Bildung".

[23] Kaminski, H.; Eggert, K. (2008): Konzeption für die ökonomische Bildung als Allgemeinbildung von der Primarstufe bis zur Sekundarstufe II, Berlin; Tzanova, P.; Schlösser, H. J.; Neubauer, M. (2011): Finanzielle Bildung, in: Aus Politik und Zeitgeschichte „Ökonomische Bildung".

[24] Tzanova, P.; Schlösser, H. J.; Neubauer, M. (2011): Finanzielle Bildung, in: Aus Politik und Zeitgeschichte „Ökonomische Bildung".

[25] Kaminski, H.; Eggert, K. (2008): Konzeption für die ökonomische Bildung als Allgemeinbildung von der Primarstufe bis zur Sekundarstufe II, Berlin; Tzanova, P.; Schlösser, H. J.; Neubauer, M. (2011): Finanzielle Bildung, in: Aus Politik und Zeitgeschichte „Ökonomische Bildung".

[26] Kaminski, H.; Eggert, K. (2008): Konzeption für die ökonomische Bildung als Allgemeinbildung von der Primarstufe bis zur Sekundarstufe II, Berlin; Tzanova, P.; Schlösser, H. J.; Neubauer, M. (2011): Finanzielle Bildung, in: Aus Politik und Zeitgeschichte „Ökonomische Bildung".

[27] Tzanova, P.; Schlösser, H. J.; Neubauer, M. (2011): Finanzielle Bildung, in: Aus Politik und Zeitgeschichte „Ökonomische Bildung".

[28] Kaminski, H.; Eggert, K. (2008): Konzeption für die ökonomische Bildung als Allgemeinbildung von der Primarstufe bis zur Sekundarstufe II, Berlin; Tzanova, P.; Schlösser, H. J.; Neubauer, M. (2011): Finanzielle Bildung, in: Aus Politik und Zeitgeschichte „Ökonomische Bildung".

[29] Bundesministerium der Finanzen (2023): Aufbruch finanzielle Bildung: für mehr Teilhabe, Wachstum und Wohlstand, In: BMF Monatsbericht April 2023.

[30] Löhr, K., Rosenthal, P. (2023): Das große Nichtwissen, *Das Versicherungsmagazin* 70 (10), S. 50-51.

[31] Lusardi, A.; Mitchell, O. (2014): The Economic Importance of Fiancial Literacy: Theory and Evidence, *Journal of Economic Literature*, 52 (1), S. 5-44.; Amagir, A., Wilschut, A., Groot, W. (2018): The relation between financial knowledge, attitudes towards money financial self-efficacy, and financial behavior among High School students in the Netherlands, *Empirische Pädagogik*, 32 (3); S. 387-400.

[32] Allianz SE (Hrsg.) (2017): When will the Penny drop? *International Pension Papers* 01/2017.

[33] Atkinson, A.; Messy, F.-A. (2012): Measuring Financial Literacy: Results of the OECD / International Network on Financial Education (INFE) Pilot Study [https://www.oecd-ilibrary.org/measuring-financial-literacy_5k9csfs90fr4.pdf?itemId=%2Fcontent%2Fpaper%2F5k9csfs90fr4-en&mimeType=pdf].

[34] Grohmann, A.; Menkhoff, L. (2017): Finanzbildung fördert finanzielle Inklusion in armen und reichen Ländern, in: DIW Wochenbericht, 84 (41), S. 905-928.; Grohmann, A.; Klühs, T.; Menkhoff, L. (2018): Does Financial Literacy Improve Financial Inclusion? Cross Country Evidence, Berlin.

[35] Grohmann, A.; Menkhoff, L. (2017): Finanzbildung fördert finanzielle Inklusion in armen und reichen Ländern, in: DIW Wochenbericht, 84 (41), S. 905-928.

[36] Schufa Holding AG (HRSG) (2023): FINANZ-INKLUSIONS-INDEX FIX – SCHUFA-Studie zur Teilhabe an Finanzdienstleistungen, Wiesbaden.

[37] Schufa Holding AG (HRSG) (2023): FINANZ-INKLUSIONS-INDEX FIX – SCHUFA-Studie zur Teilhabe an Finanzdienstleistungen, Wiesbaden.

[38] Bundesministerium der Finanzen, Bundesministerium für Bildung und Forschung (2023): Eckpunkte für finanzielle Bildung [https://www.bundesfinanzministerium.de/Content/DE/Downloads/Internationales-Finanzmarkt/eckpunkte-fuer-finanzielle-bildung.pdf?__blob=publicationFile&v=8].

[39] Klapper, L.; Lusardi, A.; van Oudheusden, P. (2014): Financial Literacy Around the World: Insights from the standard & poor's ratings services global financial literacy survey [https://gflec.org/wp-content/uploads/2015/11/Finlit_paper_16_F2_singles.pdf].; OECD (Hrsg.) (2020): OECD/INFE 2020 International Survey of Adult Financial Literacy [www.oecd.org/financial/education/launchoftheoecdinfeglobalfinancialliteracysurveyreport.htm]; OECD (Hrsg.) (2017): G20/OECD INFE report on adult financial literacy in G20 countries [https://www.oecd.org/daf/fin/financial-education/G20-OECD-INFE-report-adult-financial-literacy-in-G20-countries.pdf].

[40] Finanztip Stiftung (2021): Finanzwissen in Deutschland [https://www.finanztip-stiftung.de/fileadmin/image_3.0/Sonstiges/Stiftungsstudie_2021/Finanzwissen-Studie-Finanztip-Stiftung.pdf]; Deutsche Bundesbank (2016): Die Studie zur wirtschaftlichen Lage privater Haushalte (PHF) [https://www.bundesbank.de/resource/blob/604882/b001d7b730ce6dde340c1a3b642457d0/mL/die-studie-zur-wirtschaftlichen-lage-privater-haushalte-data.pdf].

[41] Finanztip Stiftung (2021): Finanzwissen in Deutschland [https://www.finanztip-stiftung.de/fileadmin/image_3.0/Sonstiges/Stiftungsstudie_2021/Finanzwissen-Studie-Finanztip-Stiftung.pdf]; Deutsche Bundesbank (2016): Die Studie zur wirtschaftlichen Lage privater Haushalte (PHF) [https://www.bundesbank.de/resource/blob/604882/b001d7b730ce6dde340c1a3b642457d0/mL/die-studie-zur-wirtschaftlichen-lage-privater-haushalte-data.pdf].

[42] Finanztip Stiftung (2021): Finanzwissen in Deutschland [https://www.finanztip-stiftung.de/fileadmin/image_3.0/Sonstiges/Stiftungsstudie_2021/Finanzwissen-Studie-Finanztip-Stiftung.pdf].

[43] Finanztip Stiftung (2021): Finanzwissen in Deutschland [https://www.finanztip-stiftung.de/fileadmin/image_3.0/Sonstiges/Stiftungsstudie_2021/Finanzwissen-Studie-Finanztip-Stiftung.pdf]; Schmidt, T.; Tzamourani, P. (2017): Zur finanziellen Bildung der privaten Haushalte in Deutschland: Ausgewählte Ergebnisse aus der Studie „Private Haushalte und ihre Finanzen (PHF)", *Vierteljahrshefte zur Wirtschaftsforschung*, 86 (4), S. 31-49; Bachmann, R.; Rulff, C.; Schmidt, C. M. (2021): Finanzielle Kompetenzen und Defizite in Deutschland – eine aktuelle Bestandsaufnahme [https://link.springer.com/content/pdf/10.1007/s41025-021-00235-2.pdf].

[44] Allianz SE (Hrsg.) (2017): When will the Penny drop? *International Pension Papers* 01/2017.

[45] Bachmann, R.; Rulff, C.; Schmidt, C. M. (2021): Finanzielle Kompetenzen und Defizite in Deutschland – eine aktuelle Bestandsaufnahme [https://link.springer.com/content/pdf/10.1007/s41025-021-00235-2.pdf].

[46] President John F. Kennedy (1961): PRESIDENT KENNEDY'S SPECIAL MESSAGE TO THE CONGRESS ON URGENT NATIONAL NEEDS [https://www.jfklibrary.org/archives/other-resources/john-f-kennedy-speeches/united-states-congress-special-message-19610525].

[47] OECD (Hrsg.) (2008): Improving Financial Education and Awareness on Insurance and Private Pensions [https://doi.org/10.1787/9789264046399-en].

[48] Kaiser, T.; Menkhoff, L. (2021): Maßnahmen zur finanziellen Bildung wirken – Deutschland sollte nationale Strategie für finanzielle Bildung entwickeln, *DIW Wochenbericht*, 88 (38), S. 643-651.

[49] Kaiser, T.; Menkhoff, L. (2021): Maßnahmen zur finanziellen Bildung wirken – Deutschland sollte nationale Strategie für finanzielle Bildung entwickeln, *DIW Wochenbericht*, 88 (38), S. 643-651.

[50] Aprea, C.: Stand und Perspektiven der finanziellen Bildung in Deutschland, *Zeitschrift für das gesamte Kreditwesen*, 75 (6), S. 300-303.

[51] Netzwerk Finanzkompetenz (2023): Fachtagung „Finanzen gemeinsam im Blick" 10-jähriges Bestehen des Netzwerks Finanzkompetenz NRW [https://www.netzwerk-finanzkompetenz.nrw.de/veranstaltungsberichte/veranstatungsberichteview/10].

[52] The Prudential Insurance Company of America (Hrsg.) (2017): THE STATE OF FINANCIAL WELLNESS IN AMERICA.

[53] American Psychological Association (Hrsg.) (2015): Stress in America – Paying with our Health [https://www.apa.org/news/press/releases/stress/2014/stress-report.pdf].

[54] PwC (Hrsg.) (2020): Employee Financial Wellness Survey – 2020 COVID-19 Update [https://www.pwc.com/us/en/industries/private-company-services/images/pwc-9th-annual-employee-financial-wellness-survey-2020.pdf].

[55] Schmandt, E. (2017): Financial Wellness und betriebliches Gesundheitsmanagement, *COMP&BEN Online Magazin*, 4 (6), S. 16-17.

[56] American Psychological Association (Hrsg.) (2015): Stress in America – Paying with our Health [https://www.apa.org/news/press/releases/stress/2014/stress-report.pdf]; Monkee GmbH (2020): So sparst du dir finanziellen Stress [https://monkee.rocks/blog/so-sparst-du-dir-finanziellen-stress/].; American Psychological Association (2022): Stress in America™ 2020 - A National Mental Health Crisis [https://www.apa.org/news/press/releases/stress/2020/report-october].

[57] Von Buttlar, J. (2021): Deutschland braucht eine Strategie, *Börsen-Zeitung* [https://www.boersen-zeitung.de/meinung-analyse/deutschland-braucht-eine-strategie-a610ad4a-31cd-11ec-81e3-].; Beirer, J. (2021): Kein Wissen über Zinseszinsen: Zu wenig Finanzbildung bei Schülern, *Der Standard* [https://www.derstandard.de/story/2000131105798/kein-wissen-ueber-zinseszinsen-zu-wenig-finanzbildung-bei-schuelern].

[58] Pascal, F. (2023): Disrupt Disruption: How to Decode the Future, Disrupt Your Industry, and Transform Your Business.

[59] Government of Singapore (Hrsg.) (2021): moneysense [https://www.moneysense.gov.sg].

[60] Löhr, K., Rosenthal, P. (2023): Das große Nichtwissen, *Das Versicherungsmagazin* 70 (10), S. 50-51.

[61] Younited (HRSG) (2022): Studie zur Meinungsbildung im Finanzbereich: Haben Influencer:innen ein Vertrauensproblem? [https://younited.com/wp-content/uploads/2023/12/Younited-Studie_Rolle-von-Social-Media.pdf].

[62] DIN Deutsches Institut für Normung e.V. (2024): Den DIN e.V. [https://www.din.de/de/din-und-seine-partner/din-e-v].

[63] DIN Deutsches Institut für Normung e.V. (2019): Norm DIN 77230 „Basis-Finanzanalyse für Privathaushalte“ veröffentlicht [https://www.din.de/de/ueber-normen-und-standards/nutzen-fuer-den-verbraucher/verbraucherrat/ueber-uns/norm-din-77230-basis-finanzanalyse-fuer-privathaushalte-veroeffentlicht-327094.

[64] https://www.din.de/de/mitwirken/normenausschuesse/nafin/wdc-beuth:din21:372142921].

[65] DIN Deutsches Institut für Normung e.V. (2019): Erste deutsche Norm für die Finanzdienstleistung [https://www.din.de/resource/blob/320358/12986100dff71a1f1c038d5fbc1a9ea1/20190110-presseinformation-din-77230-data.pdf].

[66] DEFINO Institut für Finanznorm (2019): DIN-Norm 77230 „Basis-Finanzanalyse für Privathaushalte“ [https://defino.de/initiativen/standards-und-normen/din-77230/].

[67] RICE UNIVERSITY (o. J.): John F. Kennedy speech [https://www.rice.edu/jfk-speech].

[68] RICE UNIVERSITY (o. J.): John F. Kennedy speech [https://www.rice.edu/jfk-speech].

[69] Bundesministerium für Bildung und Forschung (2023): Stark-Watzinger/ Linder: Finanzielle Bildung als wesentlichen Teil der Allgemeinbildung stärken [https://www.bmbf.de/bmbf/shareddocs/pressemitteilungen/de/2023/03/23032023-Finanzielle-Bildung.html?view=renderNewsletterHtml].

[70] Bundesministerium für Bildung und Forschung (2023): Stark-Watzinger/ Linder: Finanzielle Bildung als wesentlichen Teil der Allgemeinbildung stärken [https://www.bmbf.de/bmbf/shareddocs/pressemitteilungen/de/2023/03/23032023-Finanzielle-Bildung.html?view=renderNewsletterHtml].

[71] Bundesministerium für Bildung und Forschung (2023): Stark-Watzinger/ Linder: Finanzielle Bildung als wesentlichen Teil der Allgemeinbildung stärken [https://www.bmbf.de/bmbf/shareddocs/pressemitteilungen/de/2023/03/23032023-Finanzielle-Bildung.html?view=renderNewsletterHtml].

[72] Bundesministerium für Bildung und Forschung (2023): Stark-Watzinger/ Linder: Finanzielle Bildung als wesentlichen Teil der Allgemeinbildung stärken [https://www.bmbf.de/bmbf/shareddocs/pressemitteilungen/de/2023/03/23032023-Finanzielle-Bildung.html?view=renderNewsletterHtml].

[73] Ismail, S. (2014): Exponential Organizations: Why new organizations are ten times better, faster, and cheaper than yours (and what to do about it), New York.

[74] Ismail, S. (2014): Exponential Organizations: Why new organizations are ten times better, faster, and cheaper than yours (and what to do about it), New York.

[75] Ismail, S. (2014): Exponential Organizations: Why new organizations are ten times better, faster, and cheaper than yours (and what to do about it), New York.

[76] RICE UNIVERSITY (o. J.): John F. Kennedy speech [https://www.rice.edu/jfk-speech].

[77] Logsdon, J. M. (2010): John F. Kennedy and the Race to the Moon, New York.

Teil 2

[78] OECD (Hrsg.) (2012): OECD/INFE High-Level Principles on National Strategies for Financial Education [https://www.oecd.org/daf/fin/financial-education/OECD-INFE-Principles-National-Strategies-Financial-Education.pdf].

[79] OECD (Hrsg.) (2012): OECD/INFE High-Level Principles on National Strategies for Financial Education [https://www.oecd.org/daf/fin/financial-education/OECD-INFE-Principles-National-Strategies-Financial-Education.pdf].

[80] SPD; BÜNDNIS 90/ DIE GRÜNEN; FDP (Hrsg.) (2021): Mehr Fortschritt wagen – Bündnis für Freiheit, Gerechtigkeit und Nachhaltigkeit (Koalitionsvertrag) [https://www.bundesregierung.de/resource/blob/974430/1990812/04221173eef9a6720059cc353d759a2b/2021-12-10-koav2021-data.pdf?download=1].

[81] OECD (Hrsg.) (2012): OECD/INFE High-Level Principles on National Strategies for Financial Education [https://www.oecd.org/daf/fin/financial-education/OECD-INFE-Principles-National-Strategies-Financial-Education.pdf]; OECD (Hrsg.) (2015): OECD/INFE Policy Handbook National Strategies for Financial Education [https://www.oecd.org/daf/fin/financial-education/National-Strategies-Financial-Education-Policy-Handbook.pdf].

[82] OECD (Hrsg.) (2012): OECD/INFE High-Level Principles on National Strategies for Financial Education [https://www.oecd.org/daf/fin/financial-education/OECD-INFE-Principles-National-Strategies-Financial-Education.pdf].

[83] Hopf, G. (2021): Social-Media- Kommunikation entlang der Customer Journey, Wiesbaden.

[84] OECD (Hrsg.) (2012): OECD/INFE High-Level Principles on National Strategies for Financial Education [https://www.oecd.org/daf/fin/financial-education/OECD-INFE-Principles-National-Strategies-Financial-Education.pdf].

[85] Presse- und Informationsamt der Bundesregierung (2021): Verbraucherrechte an vielen Stellen gestärkt [https://www.bundesregierung.de/breg-de/themen/tipps-fuer-verbraucher/verbraucherschutz-1876120].

[86] SPD; BÜNDNIS 90/ DIE GRÜNEN; FDP (Hrsg.) (2021): Mehr Fortschritt wagen – Bündnis für Freiheit, Gerechtigkeit und Nachhaltigkeit (Koalitionsvertrag) [https://www.bundesregierung.de/resource/blob/974430/1990812/04221173eef9a6720059cc353d759a2b/2021-12-10-koav2021-data.pdf?download=1].

[87] Die Senatorin für Wissenschaft, Gesundheit und Verbraucherschutz (2017): Verbraucherpolitische Strategie [https://www.gesundheit.bremen.de/sixcms/media.php/13/Verbraucherpolitische%20Strategie.pdf]; Ministerium für Ländlichen Raum und Verbraucherschutz (Hrsg.) (2014): Verbraucherpolitische Strategie Baden-Württemberg 2014-2020 [https://mlr.baden-wuerttemberg.de/fileadmin/redaktion/m-mlr/intern/dateien/PDFs/Verbraucherschutz/VerPol_Strategie_BW_2014_2020.pdf]; Ministerium der Justiz und für Europa und Verbraucherschutz des Landes Brandenburg (Hrsg.) (2018): Brandenburgs Verbraucherstrategie [https://msgiv.brandenburg.de/sixcms/media.php/9/broschuere_brandenburgs_verbraucherpolitische_strategie.pdf].

[88] OECD (Hrsg.) (2012): OECD/INFE High-Level Principles on National Strategies for Financial Education [https://www.oecd.org/daf/fin/financial-education/OECD-INFE-Principles-National-Strategies-Financial-Education.pdf].

[89] OECD (Hrsg.) (2015): OECD/INFE Policy Handbook National Strategies for Financial Education [https://www.oecd.org/daf/fin/financial-education/National-Strategies-Financial-Education-Policy-Handbook.pdf].

[90] OECD (Hrsg.) (2015): OECD/INFE Policy Handbook National Strategies for Financial Education [https://www.oecd.org/daf/fin/financial-education/National-Strategies-Financial-Education-Policy-Handbook.pdf].

[91] OECD (Hrsg.) (2012): OECD/INFE High-Level Principles on National Strategies for Financial Education [https://www.oecd.org/daf/fin/financial-education/OECD-INFE-Principles-National-Strategies-Financial-Education.pdf]; OECD (Hrsg.) (2015): OECD/INFE Policy Handbook National Strategies for Financial Education [https://www.oecd.org/daf/fin/financial-education/National-Strategies-Financial-Education-Policy-Handbook.pdf].

[92] Deutsche Bundesbank (o. J.): Das ökonomische Bildungsangebot der Bundesbank [ttps://www.bundesbank.de/de/service/schule-und-bildung/das-oekonomische-bildungsangebot-der-bundesbank-614236].

[93] Bundesanstalt für Finanzdienstleistungsaufsicht (BaFin) (o. J.): Finanzwissen [https://www.bafin.de/DE/Verbraucher/Finanzwissen/finanzwissen_node.html].

[94] OECD (Hrsg.) (2014): OECD/INFE Guidelines for private and not-for-profit Stakeholdern in Financial Education [https://www.oecd.org/finance/National-Strategies-Financial-Education-Policy-Handbook.pdf].

[95] Daten entnommen aus: OECD (Hrsg.) (2014): OECD/INFE Guidelines for private and not-for-profit Stakeholdern in Financial Education [https://www.oecd.org/finance/National-Strategies-Financial-Education-Policy-Handbook.pdf].

[96] Gruppe Deutsche Börse (2022): Bildung fördert Chancengleichheit [https://deutsche-boerse.com/dbg-de/unternehmen/wissen/wissen-finanzmarkt/finanzbildung]; Schufa Holding AG (2022): Schufa macht Schule [https://www.schufa.de/ueber-uns/schufa-macht-schule/].

[97] Bündnis Ökonomische Bildung Deutschland e.V. (2019): ECKPUNKTE EINER NATIONALEN STRATEGIE [https://boeb.net/eckpunkte].

[98] Präventionsnetzwerk Finanzkompetenz e.V. (2022): Präambel [https://pnfk.de/wp-content/uploads/2022/01/Praeambel_aktuell_Stand_18-01-22.pdf].

[99] Bundesministerium der Finanzen, Bundesministerium für Bildung und Forschung (2023): Eckpunkte für finanzielle Bildung [https://www.bundesfinanzministerium.de/Content/DE/Downloads/Internationales-Finanzmarkt/eckpunkte-fuer-finanzielle-bildung.pdf?__blob=publicationFile&v=8].

[100] OECD (Hrsg.) (2014): OECD/INFE Guidelines for private and not-for-profit Stakeholdern in Financial Education [https://www.oecd.org/finance/National-Strategies-Financial-Education-Policy-Handbook.pdf].

[101] OECD (Hrsg.) (2014): OECD/INFE Guidelines for private and not-for-profit Stakeholdern in Financial Education [https://www.oecd.org/finance/National-Strategies-Financial-Education-Policy-Handbook.pdf].

[102] Bundesministerium der Finanzen, Bundesministerium für Bildung und Forschung (2023): Eckpunkte für finanzielle Bildung [https://www.bundesfinanzministerium.de/Content/DE/Downloads/Internationales-Finanzmarkt/eckpunkte-fuer-finanzielle-bildung.pdf?__blob=publicationFile&v=8].

[103] OECD (Hrsg.) (2014): OECD/INFE Guidelines for private and not-for-profit Stakeholdern in Financial Education [https://www.oecd.org/finance/National-Strategies-Financial-Education-Policy-Handbook.pdf].

[104] OECD (Hrsg.) (2014): OECD/INFE Guidelines for private and not-for-profit Stakeholdern in Financial Education [https://www.oecd.org/finance/National-Strategies-Financial-Education-Policy-Handbook.pdf].

[105] Lenk, T.; Glinka, P.; Hesse, M. (2019): Bildungsföderalismus in Deutschland, *Wirtschaftsdienst*, 99 (3), S. 196-202.

[106] Lin-Klitzing, S. (2019): Bildungsföderalismus positiv gewendet – ohne Grundgesetzänderung, dafür mit mehr Eigeninitiative der Länder, *ifo Schnelldienst*, 72 (3), S. 3-17.

[107] Bundesministerium für Bildung und Forschung (Hrsg.) (2022): Von der Altersvorsorge bis zu Zinsen [https://twitter.com/BMBF_Bund/status/1590742093479264257].

[108] OECD (Hrsg.) (2016): G20/OECD INFE Core competencies framework on financial literacy for adults [https://www.oecd.org/finance/financial-education/Core-Competencies-Framework-Adults.pdf]; OECD (Hrsg.) (2015): OECD/INFE Core competencies framework on financial literacy for youth [https://www.oecd.org/daf/fin/financial-education/Core-Competencies-Framework-Youth.pdf].

[109] OECD (Hrsg.) (2022): Recommendation of the Council on Financial Literacy [https://legalinstruments.oecd.org/api/print?ids=663&lang=en].

[110] Bundesministerium für Finanzen (Hrsg.) (2021): Nationale Finanzbildungsstrategie für Österreich [https://www.bmf.gv.at/dam/jcr:2e90cf98-06b2-44e4-ad08-cd85e00af7da/Bericht%20Nationale%20Finanzbildungsstrategie.pdf]; Financial Education Network (Hrsg.) (2019): MALAYSIA National Strategy for Financial Literacy [https://www.sc.com.my/api/documentms/download.ashx?id=6385977c-bd2c-4612-bda8-9ce6a5961720]; Money Wise, Money Wise (Hrsg.) (2020): National Strategy for Financial Education in the Netherlands [https://www.wijzeringeldzaken.nl/bibliotheek-/media/pdf/7158-wig-strategic-programme-web-eng.pdf]; National treasury (2013): National Consumer Financial Education Strategy [https://www.fscamymoney.co.za/Legislation%20Strategy%20and%20Policy/National%20consumer%20financial%20education%20strategy%20(23%20Aug%2020.pdf]; Anbima (2018): National Strategy of Financial Education in Brasil: Governance, Priorities and Challenges [https://www.bbvaedufin.com/wp-content/uploads/2018/10/3.Ana-Leoni-1.pdf]; Financial Consumer Agency of Canada (Hrsg.) (2015): National Strategy for financial Literacy [https://www.canada.ca/content/dam/canada/financial-consumer-agency/migration/eng/financialliteracy/financialliteracycanada/strategy/documents/nationalstrategyforfinancialliteracycountmeincanada.pdf].

[111] in Anlehnung an: Bundesministerium für Finanzen (Hrsg.) (2021): Nationale Finanzbildungsstrategie für Österreich [https://www.bmf.gv.at/dam/jcr:2e90cf98-06b2-44e4-ad08-cd85e00af7da/Bericht%20Nationale%20Finanzbildungsstrategie.pdf]; Money Wise, Money Wise (Hrsg.) (2020): National Strategy for Financial Education in the Netherlands [https://www.wijzeringeldzaken.nl/bibliotheek-/media/pdf/7158-wig-strategic-programme-web-eng.pdf]; Financial Consumer Agency of Canada (Hrsg.) (2015): National Strategy for financial Literacy [https://www.canada.ca/content/dam/canada/financial-consumer-agen-cy/migration/eng/financialliteracy/financialliteracycanada/strategy/documents/nationalstrategyforfinancialliteracycountmeincanada.pdf].

[112] Money Wise, Money Wise (Hrsg.) (2020): National Strategy for Financial Education in the Netherlands [https://www.wijzeringeldzaken.nl/bibliotheek-/media/pdf/7158-wig-strategic-programme-web-eng.pdf].

[113] Bundesministerium für Finanzen (Hrsg.) (2021): Nationale Finanzbildungsstrategie für Österreich [https://www.bmf.gv.at/dam/jcr:2e90cf98-06b2-44e4-ad08-cd85e00af7da/Bericht%20Nationale%20Finanzbildungsstrategie.pdf].

[114] Bundesministerium für Finanzen (Hrsg.) (2021): Nationale Finanzbildungsstrategie für Österreich [https://www.bmf.gv.at/dam/jcr:2e90cf98-06b2-44e4-ad08-cd85e00af7da/Bericht%20Nationale%20Finanzbildungsstrategie.pdf]; Money Wise, Money Wise (Hrsg.) (2020): National Strategy for Financial Education in the Netherlands [https://www.wijzeringeldzaken.nl/bibliotheek-/media/pdf/7158-wig-strategic-programme-web-eng.pdf]; Financial Consumer Agency of Canada (Hrsg.) (2015): National Strategy for financial Literacy [https://www.canada.ca/content/dam/canada/financial-consumer-agen-cy/migration/eng/financialliteracy/financialliteracycanada/strategy/documents/nationalstrategyforfinancialliteracycountmeincanada.pdf].

[115] Bundesministerium für Finanzen (Hrsg.) (2021): Nationale Finanzbildungsstrategie für Österreich [https://www.bmf.gv.at/dam/jcr:2e90cf98-06b2-44e4-ad08-cd85e00af7da/Bericht%20Nationale%20Finanzbildungsstrategie.pdf].

[116] Bundesministerium für Finanzen (Hrsg.) (2021): Nationale Finanzbildungsstrategie für Österreich [https://www.bmf.gv.at/dam/jcr:2e90cf98-06b2-44e4-ad08-cd85e00af7da/Bericht%20Nationale%20Finanzbildungsstrategie.pdf].

[117] Financial Consumer Agency of Canada (Hrsg.) (2015): National Strategy for financial Literacy [https://www.canada.ca/content/dam/canada/financial-consumer-agen-cy/migration/eng/financialliteracy/financialliteracycanada/strategy/documents/nationalstrategyforfinancialliteracycountmeincanada.pdf].

[118] Money Wise, Money Wise (Hrsg.) (2020): National Strategy for Financial Education in the Netherlands [https://www.wijzeringeldzaken.nl/bibliotheek-/media/pdf/7158-wig-strategic-programme-web-eng.pdf].

[119] Money Wise, Money Wise (Hrsg.) (2020): National Strategy for Financial Education in the Netherlands [https://www.wijzeringeldzaken.nl/bibliotheek-/media/pdf/7158-wig-strategic-programme-web-eng.pdf]; Bundesministerium für Finanzen (Hrsg.) (2021): Nationale Finanzbildungsstrategie für Österreich [https://www.bmf.gv.at/dam/jcr:2e90cf98-06b2-44e4-ad08-cd85e00af7da/Bericht%20Nationale%20Finanzbildungsstrategie.pdf].

[120] Bundesministerium für Finanzen (Hrsg.) (2021): Nationale Finanzbildungsstrategie für Österreich [https://www.bmf.gv.at/dam/jcr:2e90cf98-06b2-44e4-ad08-cd85e00af7da/Bericht%20Nationale%20Finanzbildungsstrategie.pdf]; Financial Consumer Agency of Canada (Hrsg.) (2015): National Strategy for financial Literacy [https://www.canada.ca/content/dam/canada/financial-consumer-agen-cy/migration/eng/financialliteracy/financialliteracycanada/strategy/documents/nationalstrategyforfinancialliteracycountmeincanada.pdf].

[121] Bundesministerium für Finanzen (Hrsg.) (2021): Nationale Finanzbildungsstrategie für Österreich [https://www.bmf.gv.at/dam/jcr:2e90cf98-06b2-44e4-ad08-cd85e00af7da/Bericht%20Nationale%20Finanzbildungsstrategie.pdf].

[122] Financial Consumer Agency of Canada (Hrsg.) (2015): National Strategy for financial Literacy [https://www.canada.ca/content/dam/canada/financial-consumer-agen-cy/migration/eng/financialliteracy/financialliteracycanada/strategy/documents/nationalstrategyforfinancialliteracycountmeincanada.pdf].

[123] Krems, B. (2016): Leitbild [https://www.olev.de/l/leitbild.htm#Andere_Bedeutungen].

[124] Hirzel, M. (2016): Das Leitbild – Grundlage für die Strategie, in: Hirzel, M., Zub, H., Dimler, N. (Hrsg.): Strategische Positionierung, Wiesbaden. S. 59-67

[125] Hirzel, M. (2016): Das Leitbild – Grundlage für die Strategie, in: Hirzel, M., Zub, H., Dimler, N. (Hrsg.): Strategische Positionierung, Wiesbaden. S. 59-67; Klaußner, S. (2016): Partizipative Leitbildentwicklung, Wiesbaden.

[126] Kretzschmar, K. (2021): Implementierung von Unternehmensleitbildern, Wiesbaden; Klaußner, S. (2016): Partizipative Leitbildentwicklung, Wiesbaden; Hofmann, B. (2008): Diakonische Unternehmenskultur, Stuttgart.

[127] Klaußner, S. (2016): Partizipative Leitbildentwicklung, Wiesbaden.

[128] Kretzschmar, K. (2021): Implementierung von Unternehmensleitbildern, Wiesbaden; Klaußner, S. (2016): Partizipative Leitbildentwicklung, Wiesbaden.

[129] Hirzel, M. (2016): Das Leitbild – Grundlage für die Strategie, in: Hirzel, M., Zub, H., Dimler, N. (Hrsg.): Strategische Positionierung, Wiesbaden. S. 59-67.

[130] Krems, B. (2016): Leitbild [https://www.olev.de/l/leitbild.htm#Andere_Bedeutungen].

[131] Krems, B. (2016): Leitbild [https://www.olev.de/l/leitbild.htm#Andere_Bedeutungen].

[132] Hirzel, M. (2016): Das Leitbild – Grundlage für die Strategie, in: Hirzel, M., Zub, H., Dimler, N. (Hrsg.): Strategische Positionierung, Wiesbaden. S. 59-67.

[133] Krems, B. (2016): Leitbild [https://www.olev.de/l/leitbild.htm#Andere_Bedeutungen]; Hirzel, M. (2016): Das Leitbild – Grundlage für die Strategie, in: Hirzel, M., Zub, H., Dimler, N. (Hrsg.): Strategische Positionierung, Wiesbaden. S. 59-67.

[134] Klaußner, S. (2016): Partizipative Leitbildentwicklung, Wiesbaden.

[135] National treasury (2013): National Consumer Financial Education Strategy [https://www.fscamymoney.co.za/Legislation%20Strategy%20and%20Policy/National%20consumer%20financial%20education%20strategy%20(23%20Aug%2020.pdf]; Te Ara Ahunga Ora (2021): The National Strategy. For Financial Capability [https://assets.retirement.govt.nz/public/Uploads/National-Strategy/National-Strategy-2021-booklet.pdf]; Financial Literacy and Education Commission (Hrsg.) (2016): Promoting Financial Success in the United States: National Strategy for Financial Literacy [https://home.treasury.gov/system/files/231/National-Strategy-2016-Update.pdf]; Money Wise (Hrsg.) (2014): National Strategy for Financial Education in the Netherlands [https://www.wijzeringeldzaken.nl/bibliotheek-/media/pdf/7158-wig-strategic-programme-web-eng.pdf].

[136] Financial Literacy and Education Commission (Hrsg.) (2016): Promoting Financial Success in the United States: National Strategy for Financial Literacy [https://home.treasury.gov/system/files/231/National-Strategy-2016-Update.pdf]; Te Ara Ahunga Ora (2021): The National Strategy. For Financial Capability [https://assets.retirement.govt.nz/public/Uploads/National-Strategy/National-Strategy-2021-booklet.pdf].

[137] Financial Education Network (Hrsg.) (2019): MALAYSIA National Strategy for Financial Literacy [https://www.sc.com.my/api/documentms/download.ashx?id=6385977c-bd2c-4612-bda8-9ce6a5961720]; Financial Consumer Agency of Canada (Hrsg.) (2015): National Strategy for financial Literacy [https://www.canada.ca/content/dam/canada/financial-consumer-agency/migration/eng/financialliteracy/financialliteracycanada/strategy/documents/nationalstrategyforfinancialliteracycountmeincanada.pdf]; Bundesministerium für Finanzen (Hrsg.) (2021): Nationale Finanzbildungsstrategie für Österreich [https://www.bmf.gv.at/dam/jcr:2e90cf98-06b2-44e4-ad08-cd85e00af7da/Bericht%20Nationale%20Finanzbildungsstrategie.pdf].

[138] Sternad, D. (2015): Strategieentwicklung Kompakt, Wiesbaden.

[139] Sternad, D. (2015): Strategieentwicklung Kompakt, Wiesbaden.

[140] Sternad, D. (2015): Strategieentwicklung Kompakt, Wiesbaden.

[141] Moskaliuk, J. (2015): Motivationspsychologie für die Berufspraxis, Wiesbaden.

[142] National treasury (2013): National Consumer Financial Education Strategy [https://www.fscamymoney.co.za/Legislation%20Strategy%20and%20Policy/National%20consumer%20financial%20education%20strategy%20(23%20Aug%2020.pdf]; National Centre for Financial Education (2020): National Strategy for Financial Education 2020-25 [https://ncfe.org.in/images/pdfs/reports/NSFE_20-25_ENG.pdf].

[143] Financial Education Network (Hrsg.) (2019): MALAYSIA National Strategy for Financial Literacy [https://www.sc.com.my/api/documentms/download.ashx?id=6385977c-bd2c-4612-bda8-9ce6a5961720].

[144] Te Ara Ahunga Ora (2021): The National Strategy. For Financial Capability [https://assets.retirement.govt.nz/public/Uploads/National-Strategy/National-Strategy-2021-booklet.pdf].

[145] Te Ara Ahunga Ora (2021): The National Strategy. For Financial Capability [https://assets.retirement.govt.nz/public/Uploads/National-Strategy/National-Strategy-2021-booklet.pdf].

[146] Anbima (2018): National Strategy of Financial Education in Brasil: Governance, Priorities and Challenges [https://www.bbvaedufin.com/wp-content/uploads/2018/10/3.Ana-Leoni-1.pdf].

[147] National Centre for Financial Education (2020): National Strategy for Financial Education 2020-25 [https://ncfe.org.in/images/pdfs/reports/NSFE_20-25_ENG.pdf].

[148] Government of Singapore (Hrsg.) (2021): moneysense [https://www.moneysense.gov.sg].

[149] Government of Singapore (Hrsg.) (2021): moneysense [https://www.moneysense.gov.sg]; Bundesministerium für Finanzen (Hrsg.) (2021): Nationale Finanzbildungsstrategie für Österreich [https://www.bmf.gv.at/dam/jcr:2e90cf98-06b2-44e4-ad08-cd85e00af7da/Bericht%20Nationale%20Finanzbildungsstrategie.pdf]; Government of Canada (Hrsg.) (2022): Life events and your money [https://www.canada.ca/en/services/finance/manage/life-events.html].

[150] Government of Canada (Hrsg.) (2022): Life events and your money [https://www.canada.ca/en/services/finance/manage/life-events.html].

[151] Government of Singapore (Hrsg.) (2021): moneysense [https://www.moneysense.gov.sg]; Bundesministerium für Finanzen (Hrsg.) (2021): Nationale Finanzbildungsstrategie für Österreich [https://www.bmf.gv.at/dam/jcr:2e90cf98-06b2-44e4-ad08-cd85e00af7da/Bericht%20Nationale%20Finanzbildungsstrategie.pdf]; Government of Canada (Hrsg.) (2022): Life events and your money [https://www.canada.ca/en/services/finance/manage/life-events.html].

[152] Government of Canada (Hrsg.) (2022): Life events and your money [https://www.canada.ca/en/services/finance/manage/life-events.html].

[153] in Anlehnung an: Government of Singapore (Hrsg.) (2021): moneysense [https://www.moneysense.gov.sg]; Bundesministerium für Finanzen (Hrsg.) (2021): Nationale Finanzbildungsstrategie für Österreich [https://www.bmf.gv.at/dam/jcr:2e90cf98-06b2-44e4-ad08-cd85e00af7da/Bericht%20Nationale%20Finanzbildungsstrategie.pdf]; Government of Canada (Hrsg.) (2022): Life events and your money [https://www.canada.ca/en/services/finance/manage/life-events.html].

[154] Australian Securities and Investments Commission (2011): National financial literacy strategy [://asic.gov.au/media/1343576/rep229-national-financial-literacy-strategy.pdf].

[155] OECD (Hrsg.) (2005): Recommendation an Priciples and Good Practics for Financial Education and Awareness [https://www.oecd.org/finance/financial-education/35108560.pdf].

[156] OECD (Hrsg.) (2014): Financial Education for Youth: The Role of Schools [http://dx.doi.org/10.1787/9789264174825-en]; OECD (Hrsg.) (2012): Financial Education in Schools [https://www.oecd.org/finance/financial-education/FinEdSchool_web.pdf].

[157] Bundesministerium für Finanzen (Hrsg.) (2021): Nationale Finanzbildungsstrategie für Österreich [https://www.bmf.gv.at/dam/jcr:2e90cf98-06b2-44e4-ad08-cd85e00af7da/Bericht%20Nationale%20Finanzbildungsstrategie.pdf].

[158] Government of Singapore (Hrsg.) (2021): moneysense [https://www.moneysense.gov.sg]; Bundesministerium für Finanzen (Hrsg.) (2021): Nationale Finanzbildungsstrategie für Österreich [https://www.bmf.gv.at/dam/jcr:2e90cf98-06b2-44e4-ad08-cd85e00af7da/Bericht%20Nationale%20Finanzbildungsstrategie.pdf]; Government of Canada (Hrsg.) (2022): Life events and your money [https://www.canada.ca/en/services/finance/manage/life-events.html].

[159] IfD Allensbach (2022): Umfrage in Deutschland zu wichtigen Lebensaspekten, Zielen und Werten bis 2022 [https://de-statista-com.eu1.proxy.openathens.net/statistik/daten/studie/170820/umfrage/als-besonders-wichtig-erachtete-aspekte-im-leben/]; IfD Allensbach (2022): Umfrage in Deutschland zur Bedeutung der Familie bis 2022 [https://de-statista-com.eu1.proxy.openathens.net/statistik/daten/studie/173267/umfrage/lebenseinstellung-wert-der-familie/]; Prognos AG (2016): Zukunftsreport Familie 2030 [https://www.prognos.com/sites/default/files/2021-01/160928_langfassung_zukunftsreport_familie_2030_final.pdf].

[160] Prognos AG (2016): Zukunftsreport Familie 2030 [https://www.prognos.com/sites/default/files/2021-01/160928_langfassung_zukunftsreport_familie_2030_final.pdf].

[161] Prognos AG (2016): Zukunftsreport Familie 2030 [https://www.prognos.com/sites/default/files/2021-01/160928_langfassung_zukunftsreport_familie_2030_final.pdf].

[162] Government of Canada (Hrsg.) (2022): Life events and your money [https://www.canada.ca/en/services/finance/manage/life-events.html]; Government of Singapore (Hrsg.) (2021): moneysense [https://www.moneysense.gov.sg].

[163] Bundesministerium für Finanzen (Hrsg.) (2021): Nationale Finanzbildungsstrategie für Österreich [https://www.bmf.gv.at/dam/jcr:2e90cf98-06b2-44e4-ad08-cd85e00af7da/Bericht%20Nationale%20Finanzbildungsstrategie.pdf].

[164] OECD (Hrsg.) (2020): Financial Consumer Protection and Ageing Populations [www.oecd.org/finance/Financial-consumer-protection-and-ageing-populations.pdf]; OECD (Hrsg.) (2020): Strengthening seniors' financial well-being troughout COVID-19 crisis and its aftermath [https://www.oecd.org/financial/education/Senior-financial-well-being-covid-19.pdf].

[165] Haupt, M.; Yollu-Tok, A. (2017): Finanzwissen und –kompetenzen bei Frauen – vom Sollen, Wollen und Können, *Vierteljahrshefte zur Wirtschaftsforschung*, 86 (4), S. 103-122.

[166] Greimel-Fuhrmann, B.; Silgoner, M. (2017): Finanzwissen und finanzielles Wohlbefinden – Frauen sind nicht grundsätzlich im Nachteil, *Vierteljahrshefte zur Wirtschaftsforschung*, 86. (4), S. 123-136; Haupt, M.; Yollu-Tok, A. (2017): Finanzwissen und –kompetenzen bei Frauen – vom Sollen, Wollen und Können, *Vierteljahrshefte zur Wirtschaftsforschung*, 86 (4), S. 103-122; Grohmann, A. (2016): Gender Gap in der finanziellen Bildung: Einkommen, Bildung und Erfahrung erklären ihn nur zum Teil, *DIW Wochenbericht*, 83 (46), S. 1083-1090.

[167]Statista (Hrsg.) (2022): Armut in Deutschland [https://de-statista-com.ezproxy.stadtdo.de/download/MTY2ODQyMjEwNS-MjMTQwNzIyIyM1MDEwOCMjMSMjcGRmIyNTdHVkeQ==].

[168]Statista (Hrsg.) (2022): Armut in Deutschland [https://de-statista-com.ezproxy.stadtdo.de/download/MTY2ODQyMjEwNS-MjMTQwNzIyIyM1MDEwOCMjMSMjcGRmIyNTdHVkeQ==].

[169] OECD (Hrsg.) (2016): Responses to the refugee crisis Financial education and the long-term integration of refugees and migrants [https://www.oecd.org/daf/fin/financial-education/Financial-education-long-term-integration-refugees-migrants.pdf].

[170] CFEE (Hrsg.) (o. J.): Learn the 101 of Financial Literacy [https://finlit101.ca/en]; Government of Singapore (Hrsg.) (2021): moneysense [https://www.moneysense.gov.sg].

[171] OECD (Hrsg.) (2014): OECD/INFE Guidelines for private and not-for-profit Stakeholdern in Financial Education [https://www.oecd.org/finance/National-Strategies-Financial-Education-Policy-Handbook.pdf].

[172] Löhr, K.; Rosenthal, P. (2023): Das große Nichtwissen, Das Versicherungsmagazin 70 (10), S. 50-51.

[173] Bundesministerium für Finanzen (Hrsg.) (2022): Verhaltenskodex für Organmitglieder und interessierte Akteurinnen und Akteure der Nationalen Finanzbildungsstrategie [https://www.bmf.gv.at/dam/jcr:3ef96193-0e18-4fb6-8406-b37e27ce1e2a/Verhaltenskodex%20der%20nationalen%20Finanzbildungsstrategie.pdf].

[174] OECD (Hrsg.) (2014): OECD/INFE Guidelines for private and not-for-profit Stakeholdern in Financial Education [https://www.oecd.org/finance/National-Strategies-Financial-Education-Policy-Handbook.pdf].

[175] OECD (Hrsg.) (2014): OECD/INFE Guidelines for private and not-for-profit Stakeholdern in Financial Education [https://www.oecd.org/finance/National-Strategies-Financial-Education-Policy-Handbook.pdf].

[176] OECD (Hrsg.) (2014): OECD/INFE Guidelines for private and not-for-profit Stakeholdern in Financial Education [https://www.oecd.org/finance/National-Strategies-Financial-Education-Policy-Handbook.pdf].

[177] Australian Securities and Investments Commission (2011): National financial literacy strategy [https://asic.gov.au/media/1343576/rep229-national-financial-literacy-strategy.pdf].

[178] Financialliteracy.org.nz (2012): National Strategy for Financial Literacy [https://www.die-bonn.de/curve/Content/PDF/NZ_National_Strategy_8-2012.pdf].

[179] Nurbekyan, A.; Hovanessian, N. (2018): Financial Inclusion, Regulation, Financial Literacy and Financial Education in Armenia, *ADBI Working Paper 843* [https://www.adb.org/publications/financial-inclusion-regulation-financial-literacy-and-financial-education-armenia].

[180] National Centre for Financial Education (2020): National Strategy for Financial Education 2020-25 [https://ncfe.org.in/images/pdfs/reports/NSFE_20-25_ENG.pdf].

[181] Money Wise (Hrsg.) (2014): National Strategy for Financial Education in the Netherlands [ttps://www.wijzeringeldzaken.nl/bibliotheek-/media/pdf/7158-wig-strategic-programme-web-eng.pdf].

[182] Bundesministerium für Finanzen (Hrsg.) (2021): Nationale Finanzbildungsstrategie für Österreich [https://www.bmf.gv.at/dam/jcr:2e90cf98-06b2-44e4-ad08-cd85e00af7da/Bericht%20Nationale%20Finanzbildungsstrategie.pdf].

[183] Bundesministerium für Finanzen (Hrsg.) (2021): Nationale Finanzbildungsstrategie für Österreich [https://www.bmf.gv.at/dam/jcr:2e90cf98-06b2-44e4-ad08-cd85e00af7da/Bericht%20Nationale%20Finanzbildungsstrategie.pdf].

[184] OECD (Hrsg.) (2010): OECD/INFE Guide to Evaluating Financial Education Programmes [https://www.oecd.org/finance/financial-eucation/Evaluating-FinEdEN.pdf].

[185] OECD (Hrsg.) (2018): OECD/INFE Toolkit for Measuring Financial Literacy and Financial Inclusion [https://www.oecd.org/financial/education/2018-INFE-FinLit-Measurement-Toolkit.pdf].

[186] OECD (o. J.): PISA - Internationale Schulleistungsstudie der OECD [https://www.oecd.org/berlin/themen/pisa-studie/].

Teil 3:

[187] Creditreform Boniversum GmbH (HRSG) (2023): SchuldnerAtlas Deutschland 2023 [https://www.boniversum.de/fileadmin/user_upload/aktuelles/schuldner-atlas/2023/SchuldnerAtlas_Deutschland_2023.pdf].

[188] Klontz, P. T.; Klontz, B.T. (2009): Mind over Money: Overcoming the Money Disorders That Threaten Our Financial Health, New York.

[189] Die Beauftrage der Bundesregierung für Kultur und Medien (2024): Über den Kulturpass [https://www.kulturpass.de/ueber-den-kulturpass].

[190] Koch, K. (2021): Frauen sind die besseren Fondsmanager [https://www.hedgework.de/archiv_beitrag/frauen-sind-die-besseren-fondsmanager.html].

[191] Grohmann, A.; Menkhoff, L. (2015): Schule, Eltern und finanzielle Bildung bestimmen das Finanzverhalten, *DIW Wochenbericht*, 82 (28), S. 655-662.

[192] Lotz, M.; Lipowsky, F. (o. J.): Die Hattie-Studie und ihre Bedeutung für den Unterricht [https://www.frank-lipowsky.de/wp-content/uploads/Lotz-Lipowsky_Hattie-Unterricht.pdf].

[193]OECD (Hrsg) (2022): Policy handbook on financial education in the workplace, [https://doi.org/10.1787/b211112e-en].

[194] Atluri, V.;Dietz, M. (2022): The Ecosystem Economy, New Jersey.

[195] Ernst & Young GmbH Wirtschaftsprüfungsgesellschaft (EY); Institut für Generationenforschung (2023): Finanzkompass Deutschland [https://assets.ey.com/content/dam/ey-sites/ey-com/de_de/news/2023/02/ey-finanzkompass-2023.pdf]; Internationale Hochschule IU (IU) (2023): Kurzstudie Finanzielle Bildung in Deutschland 2023 [https://static.iu.de/studies/Finanzielle-Bildung-in-Deutschland.pdf]; Edelmann GmbH (2023): Edelmann Trust Barometer 2023 [https://edl.mn/3CH9Z6z]; Bundesanstalt für Finanzdienstleistungsaufsicht (BaFin) (2019): Erhebung zur Finanz-kompetenz von Erwachsenen in Deutschland im Jahr 2019. [https://www.bafin.de/SharedDocs/Downloads/DE/Anlage/dl_Finanzkompetenzsstu-die2019.pdf;jsessionid=08D8B63B10EAF55D4C15A382F67C465B.internet952?__blob=publicationFile&v=]; SCHUFA Holding AG (SCHUFA) (2023): Finanz-Inklusions-Index [https://www.schufa.de/media/documents/pressemitteilungen/pm_fix/2023-06-06_SCHUFA_Finanz-Inklusions-Index.pdf].

[196] Ernst & Young GmbH Wirtschaftsprüfungsgesellschaft (EY); Institut für Generationenforschung (2023): Finanzkompass Deutschland [https://assets.ey.com/content/dam/ey-sites/ey-com/de_de/news/2023/02/ey-finanzkompass-2023.pdf].

[197] Bundesanstalt für Finanzdienstleistungsaufsicht (BaFin) (2019): Erhebung zur Finanz-kompetenz von Erwachsenen in Deutschland im Jahr 2019. [https://www.bafin.de/SharedDocs/Downloads/DE/Anlage/dl_Finanzkompetenzsstu-die2019.pdf;jsessionid=08D8B63B10EAF55D4C15A382F67C465B.internet952?__blob=publicationFile&v=].

[198] Edelmann GmbH (2023): Edelmann Trust Barometer 2023 [https://edl.mn/3CH9Z6z].

[199] Internationale Hochschule IU (IU) (2023): Kurzstudie Finanzielle Bildung in Deutschland 2023 [https://static.iu.de/studies/Finanzielle-Bildung-in-Deutschland.pdf].

FSC
www.fsc.org
MIX
Papier | Fördert gute Waldnutzung
FSC® C083411

Kolibri 360 GmbH
Ferdinand-Jühlke-Straße 7
99095 Erfurt, Deutschland
produktsicherheit@kolibri360.de